José Otacio Oliveira Guedes

A GÊNESE DO DISCÍPULO

Uma relação semântica
e teológica de Paulo e João
a partir do estudo de
Filipenses 3,1-16 e João 15,1-8

Dados Internacionais de Catalogação na Publicação (CIP)
(Câmara Brasileira do Livro, SP, Brasil)

Guedes, José Otácio Oliveira
A gênese do discípulo : uma relação semântica e teológica de
Paulo e João a partir do estudo de Filipenses 3,1-16 e João 15,1-8
/ José Otácio Oliveira Guedes. – São Paulo : Paulinas, 2015. –
(Coleção exegese)

ISBN 978-85-356-3958-2

1. Bíblia. N.T. Filipenses - Crítica e interpretação 2. Bíblia.
N.T. Evangelho de João - Crítica e interpretação I. Título. II. Série.

15-06010   CDD-220.6

Índice para catálogo sistemático:
1. Bíblia : Interpretação e crítica   220.6

1ª edição – 2015
1ª reimpressão – 2016

Direção-geral: *Bernadete Boff*
Editora responsável: *Vera Ivanise Bombonatto*
Copidesque: *Cirano Dias Pelin*
Coordenação de revisão: *Marina Mendonça*
Revisão: *Ana Cecilia Mari*
Gerente de produção: *Felício Calegaro Neto*
Capa e diagramação: *Manuel Rebelato Miramontes*

*Nenhuma parte desta obra poderá ser reproduzida ou transmitida
por qualquer forma e/ou quaisquer meios (eletrônico ou mecânico,
incluindo fotocópia e gravação) ou arquivada em qualquer sistema ou
banco de dados sem permissão escrita da Editora. Direitos reservados.*

Paulinas

Rua Inácia Uchoa, 62
04110-020 – São Paulo – SP (Brasil)
Tel.: (11) 2125-3500
http://www.paulinas.org.br – editora@paulinas.com.br
Telemarketing e SAC: 0800-7010081
© Pia Sociedade Filhas de São Paulo – São Paulo, 2015

SUMÁRIO

Introdução 7
O que está em foco 7
Do que trata este livro 9
Método: o caminho do estudo 10
O que será feito e para quê 12
Concluindo 14

1. Exegese de Fl 3,1-16 17
  1.1. O texto e contexto 17
    1.1.1. Segmentação e tradução de Fl 3,1-16 18
    1.1.2. Delimitação da perícope 23
    1.1.3. A organização do texto 25
      a) A alternância de vós, nós e eu 25
      b) Retomada lexical 26
      c) A função das preposições para o movimento
        da perícope 27
  1.2. Análise do texto como sistema morfossintático
    e sua semântica 29
    1.2.1. O ponto de partida 30
    1.2.2. Colocando em guarda a comunidade 32
    1.2.3. Exórdio da apresentação do discípulo 34
    1.2.4. Os motivos para confiar na carne 38
    1.2.5. O que era ganho se torna perda 45
    1.2.6. Leitura profunda da gênese para o discipulado 47
      a) Ênfase na perda 49
      b) Perder para ganhar 53
      c) Uma nova fonte de "justiça": a fé de Cristo 55
      d) Conhecer e conformar-se ao mistério de Cristo.... 63
    1.2.7. A ênfase no "ainda não" 69
    1.2.8. O dinamismo a partir do "já" 72
    1.2.9. Deixando para trás e avançando para a frente 74

1.2.10. O prêmio do chamado.................................77
1.2.11. O modo de pensar dos τέλειοι.................79
1.2.12. Continuar a partir de onde chegou...................81
1.3. Função comunicativa do texto.........................82

2. Exegese de Jo 15,1-8...87
2.1. O texto e contexto...87
2.1.1. Segmentação e tradução de Jo 15,1-8.................88
2.1.2. Delimitação da perícope...........................90
2.1.3. Organização literária.............................94
2.1.4. Contexto literário-teológico do *mashal* da videira..97
2.2. Análise do texto como sistema morfossintático
e sua semântica..100
2.2.1. Autorrevelação e revelação do Pai..................100
a) Jesus: a videira verdadeira.........................101
b) A revelação do Pai como agricultor: o que
cuida da videira....................................104
2.2.2. Ações do agricultor..............................106
2.2.3. A palavra que purifica os discípulos
e na qual eles permanecem..........................109
2.2.4. A fórmula da imanência recíproca..................112
2.2.5. Os ramos e os discípulos..........................114
2.2.6. A identificação dos ramos com os discípulos.....118
2.2.7. Condição para produzir fruto......................119
2.2.8. Consequências da não permanência em Cristo..122
2.2.9. Frutos da permanência em Jesus...................126
2.2.10. Desfecho da metáfora............................129
2.3. Função comunicativa do texto.......................135

3. Elementos comuns entre Paulo e João..................139
3.1. Em nível morfossintático..............................139
3.1.1. Sintagmas.......................................140
3.1.1.1. ἐν κυρίῳ ("*no Senhor*" Fl 3,1a); ἐν αὐτῷ
("*nele*" Fl 3,9a), ἐν Χριστῷ Ἰησοῦ
("*em Cristo Jesus*" Fl 3,14a)...............140

3.1.1.2. ὑπὸ Χριστοῦ Ἰησοῦ
("*por Cristo Jesus*" Fl 3,12e)............ 142

3.1.1.3. μένειν ἐν e ἐν ἐμοί ("*permanecer em*"
e "*em mim*" Jo 15,4adf.5c.6a.7ab)............ 143

3.1.1.4. ἀφ᾽ ἑαυτοῦ ("*por si mesmo*" Jo 15,4c) 145

3.1.1.5. χωρὶς ἐμοῦ ("*sem mim*" Jo 15,5f)............ 145

3.2. A centralidade de Cristo a partir do
nível semântico............ 146

3.3. Em nível teológico: a centralidade de Cristo
no itinerário do discipulado............ 151

3.3.1. A gênese do discípulo (Fl 3,12e; Jo 15,3)............ 156

3.3.2. O processo de construção do discípulo:
a poda como perda para ganhar............ 161

3.3.2.1. Caminho inadequado: confiando na
carne ou por si mesmo (Fl 3,4a; Jo 15,4c)............ 161

3.3.2.2. O caminho adequado: tudo por ele,
nada sem ele (Fl 3,8c; Jo 15,5f)............ 163

3.3.2.3. Permanecer em Cristo: o ambiente
vital de desenvolvimento do discípulo
(Fl 3,9a; Jo 15,5c)............ 165

3.3.2.4. Correndo para Cristo e buscando
a glória do Pai: a reserva escatológica
(Fl 3,12abcd.14a; Jo15,8bc)............ 170

3.4. Elementos específicos 174

3.4.1. Elementos próprios de Paulo............ 174

3.4.1.1. Em nível morfossintático............ 174

3.4.1.2. Em nível semântico............ 175

3.4.1.3. Em nível teológico 175

3.4.2. Elementos próprios do quarto Evangelho............ 176

3.4.2.1. Em nível morfossintático 176

3.4.2.2. Em nível semântico 176

3.4.2.3. Em nível teológico............ 176

4. Conclusão 179

4.1. Revisitar a centralidade de Cristo na gênese do discípulo nestes dois testemunhos da primeira hora do Cristianismo................180

4.2. A relevância destes escritos para configurar o específico do ser cristão................181

4.3. Colher o consenso semântico e teológico-comunicativo dos textos de Fl 3,1-16 e Jo 15,1-8................182

4.4. Utilizar abordagens sincrônicas para fazer dialogar textos de *corpora* distintos, tendo como elemento de comparação a força comunicativa dos textos................183

4.5. Linhas teológicas que sobressaíram................184
  a) Contribuição para a cristologia................184
  b) Contribuição para a eclesiologia................185
  c) Contribuição para a antropologia teológica................186
  d) Contribuição para a espiritualidade do discípulo................187
  e) Contribuição para a pastoral................188

5. Referências bibliográficas................191
  5.1. Obras de referência................191
  5.2. Livros/partes de livros e verbetes de dicionário................192
  5.3. Artigos................197

INTRODUÇÃO

O que está em foco

Neste livro optou-se por manter o aparato científico da pesquisa, mas o leitor não deve se assustar, pois se providenciou meios para que mesmo quem não esteja familiarizado com métodos exegéticos e com a língua grega possa acompanhar com frutos a leitura. Para isso haverá tradução dos textos, reservando para as notas as discussões mais técnicas.

O resultado da pesquisa exegética pode e deve alcançar a vida da comunidade de fé, pois os textos da Escritura estão na raiz do movimento que criou essa mesma comunidade e neles ela encontra o espelho de sua identidade. O resultado desta pesquisa propõe-se tornar instância crítica de reflexão sobre a práxis cristã, dado que o pressuposto é de que os textos da Escritura têm condições de mudar a realidade.[1]

Alcançar o essencial é o caminho mais fecundo para renovação. O Papa Francisco tem nos convidado a voltar ao "núcleo do Evangelho" (*EG*, 43), ao que é essencial e vinculante. Ele diz que o essencial na fé é o querigma; e o fundamental na ação cristã é a misericórdia para com os mais frágeis.

Aqui está também o coração do discipulado. O discípulo é aquele que sabe que só conseguirá "ser para" se "viver de", só poderá lavar os pés dos irmãos se deixar o Senhor lavar seus pés.

O querigma vivenciado está na raiz da vida cristã. O elemento mais forte do Cristianismo é "o dom do Espírito Santo dado pela fé em Cristo". O amor ao irmão não é um apêndice da vida

---

[1] Cf. RICOEUR, P. *A hermenêutica bíblica*. São Paulo: Loyola, 2006. p. 21.

cristã, mas a manifestação mesma do seu vigor, uma natural decorrência da adesão.

O Novo Testamento testemunha uma multiplicidade de perspectivas sobre o mistério de Cristo e de modos de realizá-lo na vida. Paulo e João são duas testemunhas de primeira ordem.

O ouvinte-leitor do Evangelho segundo João (EvJo)[2] tem apresentada diante de si a centralidade de Cristo, sem alternativas; isto é atestado pela afirmação: χωρὶς ἐμοῦ οὐ δύνασθε ποιεῖν οὐδέν (*"sem mim nada podeis fazer"* Jo 15,5f). Essa percepção é a mesma do ouvinte-leitor da Carta aos Filipenses, cujo lugar privilegiado de Cristo é indicado ao julgar como σκύβαλα (*"refugo"* Fl 3,8c) o que está fora dele, algo sem valor salvífico, sendo vazia a tentativa de πεποιθέναι ἐν σαρκί (*"confiar na carne"* Fl 3,4b). A abordagem comum dos textos joanino e paulino sobre a gênese do discípulo, a partir de uma relação ontológica com Cristo, relativiza qualquer tentação meramente gnóstica[3] de ser cristão, ou de mera decisão existencial, nos moldes bultmannianos.

No decorrer dos estudos da teologia do Novo Testamento (NT), João e Paulo foram ficando cada vez mais como universos independentes e não dialogantes. Isso não sem motivo. Antes de tudo pelo estilo próprio do EvJo, que sempre desafiou os estudiosos para saber qual ou quais seriam suas fontes; também o gênero diferente dos escritos: gênero epistolar dos escritos paulinos e gênero "evangelho" de João. A este motivo se somou o viés que a pesquisa da relação que os *corpora* paulino e joanino tomou com as afirmações conclusivas de Bultmann.[4]

---

[2]   Optou-se por se referir ao texto do Evangelho como EvJo (Evangelho de João). Esta opção está ciente da complexa questão de autoria, fontes e redação deste escrito. Ademais, este é o modo comum de referir-se ao texto. Não será feita a distinção entre autor e obra: João é o texto, dado que o interesse da pesquisa é sempre do escrito e não de algum personagem.

[3]   Entende-se, aqui, gnóstico enquanto proposta que reduza o Cristianismo a mero conhecimento especulativo.

[4]   Cf. GUEDES, J. O. O. O testemunho teológico comum de Paulo e João: de R. Bultmann aos nossos dias. *Atualidade Teológica* (PUCRJ), v. 47, p. 249-273, 2014.

Do que trata este livro

O tema geral da pesquisa é a relação de Paulo e João, enquanto escritos. Para estabelecer esta relação foram identificados, na Carta aos Filipenses e no EvJo, elementos semânticos e teológicos que têm o mesmo foco: a centralidade de Cristo no que se refere ao discipulado. Esses elementos dão um harmônico testemunho sobre o essencial para a gênese do discípulo. Paulo e João têm um testemunho comum que toca a ontologia do discipulado.

O problema que envolve o discipulado são alternativas apresentadas: o tornar-se discípulo como mera decisão ética, ainda que nobre, como seria um modo de ver a *sequela Christi*;[5] ou uma decisão meramente psicológica no estilo superficial e cheio de concessões na adesão. A primeira possibilidade pode se escambar pelo moralismo e a segunda, pelo relativismo de conveniências.

Os textos que são objeto do presente estudo testemunham a ineficácia da decisão ética na gênese do discípulo. São também testemunhas de um modo de vida que supera o mero conhecimento conceitual, porque toca a fecundidade da vida.

O tema específico deste estudo é a relação teológica e semântica de Paulo e João a partir da gênese do discípulo em Fl 3,1-16 e Jo 15,1-8. A investigação contemplará três âmbitos:

1. A exegese de dois textos canônicos: Fl 3,1-16 e Jo 15,1-8;

2. A relação semântica e teológica de Paulo e João;

3. A identificação do essencial para se tornar discípulo no testemunho comum dos textos em estudo.

---

[5] O texto pontifício de correção à tentação ética tornou-se lugar-comum quando se fala do início do ser cristão: "Ao início do ser cristão, não há uma decisão ética ou uma grande ideia, mas o encontro com um acontecimento, com uma Pessoa que dá um novo horizonte e, dessa forma, um rumo decisivo" (BENTO XVI. *Deus Caritas est*, 1).

O objeto material da pesquisa é bem definido pelas duas perícopes indicadas antes: Fl 3,1-16 e Jo 15,1-8. O interesse da pesquisa nos textos indicados é duplo:

a) As estratégias literárias usadas nos textos para persuadir o ouvinte-leitor;

b) A identificação de elementos semânticos e teológicos comuns quanto à gênese do discípulo, que está focada em Cristo: εὑρεθῶ ἐν αὐτῷ ("*ser encontrado nele*" Fl 3,9a) e μείνατε ἐν ἐμοί ("*permanecei em mim*" Jo 15,4a).

O objeto formal da pesquisa é o estudo daqueles textos sob a análise própria da teologia bíblica. Tendo como enquadramento particular o ponto de encontro da percepção paulina e joanina quanto ao essencial para tornar-se a pessoa que chamamos "discípulo". A tese é que tanto Paulo quanto João priorizam a relação ontológica com Cristo.

Esta pequisa não se propõe interpretação nova dos textos, nem um método novo de abordagem. A novidade está em, aplicando os métodos e abordagens que serão apresentados em seguida, mapear sintática e semanticamente os dois textos de modo a ler neles e escutar deles um testemunho comum no que tange o essencial do discipulado.

Método: o caminho do estudo

A pesquisa aqui apresentada se coloca no âmbito da teologia bíblica. Sendo teologia, ela se coloca como reflexão sobre a revelação no âmbito da comunidade de fé, a serviço do anúncio e atenta à Tradição viva da Igreja e do seu Magistério.[6] Sendo bíblica, fará uso dos métodos próprios da ciência exegética que

---

[6] Cf. O'COLLINS G.; KENDALL, D. *Bibbia e Teologia. Dieci principi per l'uso teologico dalla Scrittura.* Milano: San Paolo, 1999.

permite estudar os textos sagrados com toda a sensibilidade histórica que lhes é devida.

Por esses motivos, os estudos apresentados, respeitadores do viés acadêmico, não se furtam em contribuir para uma leitura a partir da fé e de modo a nutrir esta mesma fé da comunidade crente. Comunidade esta que retém os textos como canônicos e, portanto, como regras para sua vida.[7]

Para este estudo serão bem valorizados os resultados do método histórico crítico, haja vista os autores pesquisados ao longo da investigação. Não obstante, atendendo à tendência atual do meio acadêmico, o método histórico crítico será complementado com a contribuição das abordagens sincrônicas, particularmente com a contribuição da análise narrativa, tal como é indicada pelo documento da Pontifícia Comissão Bíblica de 1993:

> A exegese narrativa propõe um método de compreensão e de comunicação da mensagem bíblica que corresponde à forma de relato e de testemunho, modalidade fundamental da comunicação entre pessoas humanas, característica também da Sagrada Escritura. [...]
>
> À análise narrativa liga-se uma nova maneira de apreciar o alcance dos textos. Enquanto o método histórico crítico considera antes de tudo o texto como uma "janela", que permite algumas observações sobre uma ou outra época (não apenas sobre os fatos narrados, mas também sobre a situação da comunidade para a qual eles foram contados), sublinha-se que o texto funciona igualmente como "espelho", no sentido de que ele estabelece uma certa imagem do mundo – "o mundo do relato" – que exerce sua influência sobre a maneira de ver do leitor e o leva a adotar certos valores em vez de outros. [...]

---

[7] Cf. RICOEUR, P. *Ensaios sobre a interpretação bíblica*, p. 50, 63: "Podemos crer somente por ouvir e interpretar um texto [...]. Se não há um significado objetivo, então o texto não tem nada a dizer sobre qualquer coisa; sem a apropriação existencial, o que o texto diz não é mais discurso vivo".

INTRODUÇÃO 11

Sua abordagem sincrônica [*da análise narrativa*] dos textos pede para ser completada por estudos diacrônicos. Ela deve, por outro lado, evitar uma possível tendência de excluir toda elaboração doutrinária dos dados que contêm os relatos da Bíblia. Ela se encontraria, então, em desacordo com a própria tradição bíblica que pratica esse gênero de elaboração, e com a tradição eclesial que continuou nessa via.[8]

Em comum com o método histórico crítico serão valorizadas as análises morfossintáticas e semânticas dos textos; complementando com o destaque dado à função performadora dos textos canônicos,[9] tais como foram acolhidos como regras para a vida, sempre com a atenção ao "apelo existencial dirigido ao leitor".[10]

O que será feito e para quê

A importância teórica do tema, além do ponto específico da busca do essencial no ser cristão, está na análise comparativa de textos de *corpora* distintos. Este estudo segue o veio de pesquisa que busca uma visão teológica do Cânon, não como livros justapostos, mas como unidade que comunica sinfonicamente um testemunho comum do mistério de Cristo.[11]

---

[8] PONTIFÍCIA COMISSÃO BÍBLICA. *A interpretação da Bíblia na Igreja*. 6. ed. São Paulo: Paulinas, 2006. p. 50, 52-53.

[9] Cf. GREIMAS, A. J.; COURTÉS, J. *Dicionário de semiótica*. São Paulo: Editora Contexto, 2008. p. 83. O falar do texto é "falar para ser acreditado", sendo eficaz sobre o ouvinte-leitor.

[10] PONTIFÍCIA COMISSÃO BÍBLICA, *A interpretação da Bíblia na Igreja*, p. 53.

[11] É iluminador o comentário feito pelo exegeta Luís Henrique Eloy e Silva sobre a intervenção de Bento XVI no sínodo sobre a Palavra de Deus. Luís Henrique, comentando a fala do papa, esclarece o entendimento católico do princípio da "unidade de toda a Escritura" para interpretação (cf. SILVA, L. H. E. O sentido teológico do texto bíblico: releitura e hori-

O estudo está divido em três capítulos. Tudo tende a estabelecer o rosto do discípulo, quanto aos elementos constitutivos essenciais, colhidos nos textos paulino e joanino.

No primeiro capítulo estará em foco a perícope em que Paulo conta seu nascimento para o discipulado (Fl 3,1-16). Esse estudo será feito em três etapas: sintática, semântica e comunicativa. Para facilitar a leitura, a análise semântica foi feita após cada período analisado sintaticamente. As análises realizadas no texto terão seu natural desdobramento no quarto capítulo.

No segundo capítulo o estudo se volta para Jo 15,1-8, em que o autor do EvJo, com a perícope da videira, estabelece a condição para ser discípulo e glorificar o Pai: permanecer em Jesus. Para tal estudo serão utilizados neste capítulo os mesmos exercícios técnico-literários de análise aplicados na perícope paulina (Fl 3,1-16).

O terceiro capítulo consistirá na aproximação semântica e teológica das perícopes estudadas, lendo-as sob a perspectiva do que é apresentado como essencial para ser discípulo: sua gênese, seu fazer-se e sua identidade. Recolhe-se, portanto, a contribuição dos dois capítulos precedentes.

O objetivo geral é trazer para a discussão a relação entre o *corpus* paulino e o *corpus* joanino. Há, porém, uma série de objetivos específicos, que a seu tempo vão sendo conseguidos. A saber:

a)   revisitar a centralidade de Cristo na gênese do discípulo nesses dois testemunhos da primeira hora do Cristianismo;

b)   a relevância desses escritos para configurar o específico do ser cristão;

c)   colher o consenso semântico e teológico dos vigorosos textos de Fl e do EvJo;

zontes da intervenção de Bento XVI durante o Sínodo sobre a Palavra na Vida e na Missão da Igreja. *HT* 18, n. 10 [2010] 9-27).

d)   utilizar abordagens sincrônicas para fazer dialogar textos de *corpora* distintos, tendo como elemento de comparação, além da semântica e da teologia, a força comunicativa dos textos;

e)   colher as linhas teológicas mais fortes a partir do estudo dos textos apresentados.

A pesquisa a ser apresentada contribui com um melhor entendimento do essencial cristão a partir de textos do Novo Testamento. Esta questão não é de modo algum evidente, haja vista a configuração de diversos modos de se remeter ao Novo Testamento para justificar caricaturas de discipulado. Ademais, de tempos em tempos é necessário revisitar o essencial, por vezes dado por sabido; por exemplo, que seja Jesus o centro do vir a ser e do ser discípulo.

Há também uma lacuna no campo do estudo da teologia bíblica no que diz respeito à relação de Paulo e João. Se, por um lado, isso foi feito quanto a temas teológicos, como será indicado, por outro lado a relação a partir de textos é um campo ainda a ser explorado. Justamente nessa lacuna entra a presente pesquisa: relacionar Paulo e João a partir de textos, utilizando abordagens sincrônicas em complementação do método histórico crítico.

Concluindo

Esta relação entre Paulo e João carece de ser estudada de forma orgânica. Este é campo próprio da teologia bíblica, na qual, a partir de textos, chega-se aos horizontes comuns na teologia. Para evidenciar a relação de Paulo com João foi escolhida, nesta pesquisa, de modo exemplar para constatação, a perícope de Fl 3,1-16 e Jo 15,1-8. A escolha destes dois textos encaminhou a pesquisa para a análise do *proprium* do discípulo, o que é essencial para sua existência.

A perícope paulina, que será estudada no capítulo seguinte, encontra-se na Carta aos Filipenses. Trata-se de uma carta autenticamente paulina. Não obstante as muitas hipóteses de composição desta carta, permanece aberta a possibilidade de retê-la como escrito único, que é o pressuposto da abordagem desse estudo.[12]

A perícope joanina que será estudada no terceiro capítulo encontra-se dentro de um escrito com uma complexa história de fontes, de composição e de autoria.[13] Admite-se uma unidade da obra.[14] A esta pesquisa, porém, interessa pelo texto canônico, em que a perícope em estudo se encontra no contexto do grande discurso de despedida de Jesus feito aos seus discípulos.

As questões exegéticas que serão tratadas dizem respeito à percepção que cada um dos textos tem do discípulo, destinatário da revelação. Do estudo dos textos se pretende chegar ao rosto do discípulo nesses dois escritos e verificar se o que é essencial é também comum aos dois *corpora*.

---

[12]   Cf. FEE, G. D. *Paul's Letter to the Philippians*, p. 1: "Este comentário foi escrito a partir da perspectiva de que Filipenses era uma carta". Também: MAZZAROLO, I. *Carta de Paulo aos Filipenses*, p. 20 – fala de "um escrito único". Por outro lado, Gnilka fala de duas cartas: 1. "carta da prisão" (1,1–3,1a; 4,2-7.10-23); 2. "carta polêmica" (3,1b-4,1.8s) (cf. GNILKA, J. *La lettera ai Filippesi*, p. 52-53).

[13]   SCHNACKENBURG, R. *El Evangelio Según San Juan*, (vol. I), p. 43: "não é previsível uma solução da questão joanina, um acordo sobre as numerosas questões particulares que nela concorrem de maneira complexa", mas toda a pesquisa "confirma o evangelista como expoente principal do EvJo, não como teólogo bem definido, que imprimiu um caráter teológico unitário ao EvJo" (p. 104).

[14]   LÉON-DUFFOUR, X. *Où en est la recherche johannique?*, p. 29: "A questão do autor perde sua importância diante do acordo para proclamar a unidade da obra".

1

EXEGESE DE Fl 3,1-16

1.1. O texto e contexto

A perícope destacada para o estudo deste capítulo se encontra dentro de uma carta escrita por Paulo à comunidade cristã que está em Filipos, importante cidade da província romana da Macedônia.[1] Paulo se tornou pregador de um evento cujos seguidores foram, anteriormente, vítimas de sua perseguição.[2] Ele se define como "servo de Cristo Jesus" e seus destinatários lhe são muito caros.[3]

---

[1] Quanto ao lugar de composição, Fee, partindo das evidências internas (1,13: *praetorium*; 4,22: "casa imperial"), argumenta defendendo Roma, descartando Éfeso e Cesareia. Seus argumentos são plausíveis (cf. FEE, G. *Paul's Letter to the Philippians*, p. 34-37).

[2] Cf. Fl 3,6; Gl 1,13; 1Cor 15,9.

[3] Quanto ao gênero, Fee diz ser uma carta exortativa de amizade – "*hortatory letter of friendship*" (FEE, G. *Paul's Letter to the Philippians*, p. 14). Segundo Black, a carta é mal-entendida quando é lida como discurso teológico, apologético, carta de amizade. O ponto é reconstruir a unidade da comunidade (cf. p. 45): "Filipenses deve ser lida como uma composição epistolar e ao mesmo tempo como uma significativa estratégia retórica" (BLACK, D. A. The discourse structure of Philippians: a study in text linguistics, p. 49). Se é verdade que se deva averiguar a dependência paulina dos modelos helenísticos de cartas, com isso não se deve engessar a compreensão da liberdade de Paulo na reutilização desses modelos de acordo com seu fim específico: evangelizar (cf. JAQUES, Mary V.; WALTER, Kelly. Pauline Adaptation of Epistolary Conventions in Philippians 3:2-4:1. In: *Directions in New Testament Methods*, editado por Martin

O pressuposto da abordagem ao texto de Fl 3,1-16 é que a Carta aos Filipenses é um escrito unitário, cuja finalidade é instruir a comunidade sobre o essencial da vida em Cristo. Para tal fim Paulo apresenta o exemplo de Cristo (Fl 2,5-11) e sua experiência de gênese para o discipulado (Fl 3,1-16). Nesta carta ele agradece seus amigos pela proximidade e ajuda prestada enquanto está na prisão (Fl 4,10-20). O ambiente cultural de Paulo foi a diáspora, com os reflexos da cultura helenística.[4] Sua experiência no caminho de Damasco[5] é recontada nesta perícope com traços que vão além de crônica, dando ao ouvinte-leitor a interpretação em nível profundo do acontecido, para influenciá-lo de modo a fazer sua própria experiência com Cristo, nos moldes do essencial apresentado.

1.1.1. Segmentação e tradução de Fl 3,1-16

O objetivo do estudo exegético é narrar o texto, a partir de dentro, de maneira a obter uma compreensão mais profunda. Para isso se deve levar em conta que não é possível ter presentes, em um primeiro contato, todos os elementos necessários para ler

---

Albl, Paul Eddy, Renée Mirkes, OSF. Milwaukee: Marquette University, 1993. p. 84).

[4] RÄISÄNEN, H. Paul's conversion and the development of his view of the law, p. 414-415. O autor destaca influências do helenismo em Paulo: a) a interpretação espiritual da circuncisão, em Fl 3,3, "Nós somos a circuncisão, e não os que mutilam sua carne!"; b) a interpretação ética da circuncisão: é a circuncisão do coração que realmente conta (Rm 2,25ss); c) a proclamação batismal: "não há mais judeu nem grego", em Gl 3,28; d) a declaração de que nem a circuncisão nem a incircuncisão contam, mas guardar os mandamentos de Deus (1Cor 7,19); e) a recapitulação da lei no mandamento do amor (Gl 5,14; Rm 8,13ss); f) a discussão sobre o sacrifício e o λογικὴ λατρεία ("*culto racional*"), em Rm 12,1. Precisa-se admitir que o Judaísmo que precedeu Jesus e Paulo já era um Judaísmo helenizado. Tenhamos presente que já eram passados 360 anos da dominação helênica naquela região. Daí falar de uma helenização do Cristianismo, com as descobertas de hoje, é irrelevante (cf. NEUHAUS, D. M. À la rencontre de Paul, p. 363-364).

[5] At 9,1-22; cf. 22,5-16; 26,12-18.

imediatamente um texto escrito há séculos e num estilo linguístico presente somente em documentos escritos.

Para chegar a narrar o texto por dentro e adquirir a compreensão mais profunda, várias etapas serão seguidas, tendo presente que o processo está em função de que a comunidade de fé, à qual foram destinados os escritos, possa, de modo novo, escutar a Palavra fundadora por meio das palavras tecidas no texto.

Neste estágio de aproximação do texto serão feitas a segmentação e tradução do texto. O critério adotado para a segmentação[6] foi dividir os períodos em frases[7] verbais e nominais. Por que a segmentação? Porque as palavras falam e suscitam atitudes. Tudo no texto é elemento de comunicação com o ouvinte-leitor. Se for verdade que as partes recebem do conjunto seu horizonte de compreensão, pode-se dizer que o todo do texto é composto pelo belo mosaico das palavras e da relação das palavras entre si. Sendo assim, segue o texto, sua segmentação e tradução.

[1]Τὸ λοιπόν, ἀδελφοί μου, χαίρετε ἐν κυρίῳ.	1a	[1]De resto, meus irmãos, alegrai-vos no Senhor.
τὰ αὐτὰ γράφειν ὑμῖν ἐμοὶ μὲν οὐκ ὀκνηρόν, ὑμῖν δὲ ἀσφαλές.	1b	Escrever-vos estas coisas, para mim não é enfadonho, por outro lado, para vós é sólido.
[2]Βλέπετε τοὺς κύνας,	2a	[2]Cuidado com os cães,
βλέπετε τοὺς κακοὺς ἐργάτας,	2b	cuidado com os maus operários,
βλέπετε τὴν κατατομήν.	2c	cuidado com a mutilação.

---

[6] "Entende-se por segmentação o conjunto dos procedimentos de divisão do texto em segmentos, isto é, em unidades sintagmáticas provisórias [...]; grandezas mais fáceis de serem manejadas" (GREIMAS, A. J.; COURTÉS, J. *Dicionário de semiótica*, p. 427-428).

[7] Entende-se frase como "uma unidade de cadeia sintagmática, caracterizada, semanticamente, pela autonomia relativa de sua significação" (GREIMAS, A. J.; COURTÉS, J. *Dicionário de semiótica*, p. 222). Frase, aqui, é utilizada como sinônimo de proposição (cf. ibid., p. 392-393).

[3] ἡμεῖς γάρ ἐσμεν ἡ περιτομή,	3a	[3]De fato, somos nós a circuncisão,
οἱ πνεύματι θεοῦ λατρεύοντες	3b	os que servimos pelo Espírito de Deus
καὶ καυχώμενοι ἐν Χριστῷ Ἰησοῦ	3c	e nos gloriamos em Cristo Jesus
καὶ οὐκ ἐν σαρκὶ πεποιθότες,	3d	e não confiamos na carne,
[4] καίπερ ἐγὼ ἔχων πεποίθησιν καὶ ἐν σαρκί.	4a	[4]se bem que eu possa ter confiança também na carne.
εἴ τις δοκεῖ ἄλλος	4b	Se algum outro pensa
πεποιθέναι ἐν σαρκί,	4c	poder confiar na carne,
ἐγὼ μᾶλλον·	4d	eu ainda mais.
[5] περιτομῇ ὀκταήμερος,	5a	[5]Pela circuncisão do oitavo dia,
ἐκ γένους Ἰσραήλ,	5b	da raça de Israel,
φυλῆς Βενιαμίν,	5c	da tribo de Benjamin,
Ἑβραῖος ἐξ Ἑβραίων,	5d	hebreu de hebreus,
κατὰ νόμον Φαρισαῖος,	5e	quanto à Lei fariseu,
[6] κατὰ ζῆλος διώκων τὴν ἐκκλησίαν,	6a	[6]quanto ao zelo, perseguidor da Igreja,
κατὰ δικαιοσύνην τὴν ἐν νόμῳ γενόμενος ἄμεμπτος.	6b	quanto à justiça que está na Lei, me tornei irrepreensível.
[7] [ἀλλὰ] ἅτινα ἦν μοι κέρδη,	7a	[7][mas] as coisas que para mim eram ganhos,
ταῦτα ἥγημαι	7b	Considero-as
διὰ τὸν Χριστὸν ζημίαν.	7c	por causa de Cristo, perda.

[8] ἀλλὰ μενοῦνγε καὶ ἡγοῦμαι πάντα ζημίαν εἶναι	8a	[8] Mas, verdadeiramente, considerei tudo ser perda
διὰ τὸ ὑπερέχον τῆς γνώσεως Χριστοῦ Ἰησοῦ τοῦ κυρίου μου,	8b	por causa da excelência do conhecimento de Cristo Jesus, meu Senhor;
δι' ὃν τὰ πάντα ἐζημιώθην,	8c	por causa de quem perdi tudo
καὶ ἡγοῦμαι σκύβαλα,	8d	e considerei refugo,
ἵνα Χριστὸν κερδήσω	8e	a fim de que ganhe a Cristo
[9] καὶ εὑρεθῶ ἐν αὐτῷ,	9a	[9] e seja encontrado nele,
μὴ ἔχων ἐμὴν δικαιοσύνην	9b	não tendo a minha justiça,
τὴν ἐκ νόμου	9c	aquela que vem da Lei
ἀλλὰ τὴν διὰ πίστεως Χριστοῦ,	9d	mas aquela por meio da fé de Cristo,
τὴν ἐκ θεοῦ δικαιοσύνην	9e	aquela justiça que vem de Deus
ἐπὶ τῇ πίστει,	9f	fundada na fé,
[10] τοῦ γνῶναι αὐτὸν	10a	[10] de conhecê-lo
καὶ τὴν δύναμιν τῆς ἀναστάσεως αὐτοῦ	10b	e o poder da sua ressurreição
καὶ [τὴν] κοινωνίαν [τῶν] παθημάτων αὐτοῦ,	10c	a comunhão nos seus sofrimentos,
συμμορφιζόμενος τῷ θανάτῳ αὐτοῦ,	10d	con-formando com a sua morte,
[11] εἴ πως καταντήσω εἰς τὴν ἐξανάστασιν	11a	[11] se de algum modo chegue à ressurreição,
τὴν ἐκ νεκρῶν.	11b	a dos mortos.

EXEGESE DE FL 3,1-16

[12] Οὐχ ὅτι ἤδη ἔλαβον	12a	[12] Não que já tenha tomado posse
ἢ ἤδη τετελείωμαι,	12b	ou já tenha sido feito perfeito,
διώκΩ	12c	eu prossigo
δὲ εἰ καὶ καταλάβω,	12d	para que também alcance,
ἐφ᾽ ᾧ καὶ κατελήμφθην ὑπὸ Χριστοῦ ['Ιησοῦ].	12e	Visto que eu já fui alcançado por Cristo [Jesus].
[13] ἀδελφοί, ἐγὼ ἐμαυτὸν οὐ λογίζομαι	13a	[13] Irmãos, eu mesmo não julgo
κατειληφέναι·	13b	havê-lo alcançado;
ἓν δέ,	13c	mas uma coisa:
τὰ μὲν ὀπίσω ἐπιλανθανόμενος	13d	se por um lado esqueço as coisas que ficam para trás,
τοῖς δὲ ἔμπροσθεν ἐπεκτεινόμενος,	13e	por outro, avanço para as que estão diante.
[14] κατὰ σκοπὸν διώκω	14a	[14] de acordo com a meta, eu prossigo
εἰς τὸ βραβεῖον τῆς ἄνω κλήσεως οὗ θεοῦ	14b	para o prêmio da alta vocação de Deus
ἐν Χριστῷ 'Ιησοῦ.	14c	Em Cristo Jesus.
[15] "Οσοι οὖν τέλειοι,	15a	[15] Todos, pois, que somos perfeitos,
τοῦτο φρονῶμεν·	15b	tenhamos este pensamento;
καὶ εἴ τι ἑτέρως φρονεῖτε,	15c	e, se, porventura, pensais doutro modo,
καὶ τοῦτο ὁ θεὸς ὑμῖν ἀποκαλύψει·	15d	também isto Deus vos revelará.
[16] πλὴν εἰς ὃ ἐφθάσαμεν,	16a	[16] Em todo caso, aonde chegamos,
τῷ αὐτῷ στοιχεῖν.	16b	nisto caminhar.

1.1.2. Delimitação da perícope

O centro comunicativo da nossa perícope é a experiência de Paulo (Fl 3,7-11), o que vem antes serve como preâmbulo e o que segue é uma explicação de modo a esclarecer aos destinatários as consequências do evento em suas vidas, como gênese para o discipulado. As inúmeras referências que esta perícope faz ao conjunto da carta demonstram que este capítulo 2 lhe é uma parte integrante tal como se apresenta.[8]

Há uma clara mudança de assunto em Fl 3,1. Em Fl 2,19-24 Paulo fala de Timóteo; em Fl 2,25-30 ele fala de Epafrodito. Dois bons exemplos: Timóteo como "um filho ao lado do pai" (2,22), a quem Paulo pretende enviar em visita à comunidade; e Epafrodito, "irmão, colaborador e companheiro de lutas" (2,25), que Paulo pede que o recebam com alegria. A natureza dos textos é informativa.

O início da perícope em 3,1 é muito contestado, o que parece advir de dois motivos: a expressão τὸ λοιπόν ("de resto"), que seria conclusiva, e os três imperativos voltados aos opositores da comunidade, que indicariam um novo assunto.[9]

Quanto ao primeiro motivo, τὸ λοιπόν, em vez de ser traduzido com um "finalmente" para concluir, ele pode perfeitamente ter a função de retomar a argumentação para dizer algo destacando-o. Este é o caso da perícope em estudo. Vê-se isso confirmado também em outros escritos de Paulo. Em 1Cor 7,29: τοῦτο δέ φημι, ἀδελφοί, ὁ καιρὸς συνεσταλμένος ἐστίν· τὸ λοιπόν, ἵνα καὶ οἱ ἔχοντες γυναῖκας ὡς μὴ ἔχοντες ὦσιν ("*Eu digo, irmãos: o tempo abreviou-se. Então, que doravante, os que têm mulher*

---

[8] Cf. FEE, G. *Paul's Letter to the Philippians*, p. 335. ROLLAND, P. La structure littéraire et l'unité de l'Épitre aux Philippiens, p. 216: "A Epístola aos Filipenses, longe de ser um conglomerado de material disparatado, se apresenta como uma construção bem unificada".

[9] Cf. VANNI, U. Verso la struttura letteraria della lettera ai Filippesi, p. 64. Vanni admite que em um estilo familiar, como é o caso do gênero carta de amizade, Paulo pode muito bem passar de um argumento mais geral a argumentos circunstanciais (cf. Fl 4,8).

vivam como se não tivessem"). No contexto em que há a escolha do estado de vida em relação à mulher, a frase οἱ ἔχοντες γυναῖκας ὡς μὴ ἔχοντες ὦσιν ("*os que têm mulher vivam como se não tivessem*") reforça o argumento, com uma frase "de efeito", sem com isso concluir o raciocínio, até mesmo abrindo para os versículos que seguem até o fim do capítulo. Em 2Ts 3,1, τὸ λοιπόν marca claramente o início de um novo argumento.

No contexto da perícope de Fl 3,1-16, τὸ λοιπόν é mais bem traduzido por "pelo que resta [a ser dito]".[10] Deste modo, os vv. 1-2, com seus cinco períodos absolutos, introduz os imperativos que colocam em guarda a comunidade; por sua vez, a indicação dos oponentes e seus valores deixados subtendidos são o preâmbulo da partilha que Paulo faz refletindo o sentido profundo do que aconteceu com ele para que se tornasse alguém que corre para alcançar Cristo.

Quanto ao segundo motivo, os imperativos que irrompem em 3,2 têm a função de introduzir as coisas sobre as quais é sólido falar, e que não é custoso para Paulo fazê-lo. Ou seja, os imperativos justificam a solene abertura da perícope: τὰ αὐτὰ γράφειν ὑμῖν ἐμοὶ μὲν οὐκ ὀκνηρόν, ὑμῖν δὲ ἀσφαλές ("*as mesmas coisas escrever para vós, a mim não é fastidioso, por outro lado, para vós é sólido*" v. 1bcd).

Eis uma visão geral da perícope: o v. 1 introduz a perícope; os vv. 2-3 introduzem de forma antitética o assunto (eles/nós). Os motivos de confiança na carne (4-6) são numerosos, e mesmo superiores a que outros poderiam ter; esses motivos, tidos como ganhos, tornam-se perda diante da novidade que é o conhecimento de Cristo Jesus (7-9). Esse conhecimento leva a uma comunhão com o conjunto do mistério de Cristo, que é personalizado pelo crente (10-11). O desfecho tende para o futuro (12-14). Com os vv. 15-16 chega-se ao repouso da trama.

O imperativo de 3,17a: Συμμιμηταί μου γίνεσθε, ἀδελφοί, ("*tornai meus imitadores, irmãos*") marca um novo início. Esta nova perícope terá sua conclusão em 4,1. O texto pinta diante do

---

[10] Cf. FEE, G. *Paul's Letter to the Philippians*, p. 288-291.

ouvinte-leitor dois quadros bem distintos: os que caminham de acordo com o modelo (3,17.20; 4,1) e os inimigos da cruz de Cristo (3,18-19). O texto se propõe a afastar a comunidade do último grupo e aproximá-la daquele primeiro grupo, do qual Paulo faz parte e anteriormente falou de sua experiência (Fl 3,1-16).

1.1.3. A organização do texto

O texto possui uma organização que é dada pela sua sintaxe, no modo como os morfemas se relacionam. Os substantivos dão força conceitual, os verbos indicam as ações e as preposições vão conduzindo o movimento. Serão destacados três focos de organização do texto: a alternância pessoal (vós, nós e eu), a retomada lexical e a função das preposições.

a) A alternância de vós, nós e eu[11]

A perícope se abre com um vocativo, ἀδελφοί ("irmãos"), acompanhado do pronome de primeira pessoa μου ("meu" 1a), que é retomado no pronome ὑμῖν ("para vós" 1c e 1d). Os imperativos do v. 2 dão ao texto um caráter exortativo direto. O v. 3 é regido pelo pronome ἡμεῖς ("nós"), deslocando o tom do texto do "eles" para o "nós", com considerações que trazem para a trama o ouvinte-leitor, sendo ele contemplado. Do v. 4 ao v. 12 teremos a exclusividade do pronome em 1ª pessoa ἐγώ ("eu" 4ad;) e verbos também na primeira pessoa do singular. Nos vv. 13 e 14 se encontra ainda a regência da primeira pessoa, tendo aparecido o vocativo ἀδελφοί ("irmãos" 13a) que mantém o caráter direto da narrativa. Em 15b reaparece a primeira pessoa do plural, que em 15c e 15d dá lugar à segunda do plural (φρονεῖτε "desejai"/ ὑμῖν "a vós"). A conclusão da perícope no v. 16 é feita com o nós da forma verbal ἐφθάσαμεν ("chegamos").

A alternância número-pessoal dá ao texto um forte impacto comunicativo, visto que a Carta aos Filipenses é uma carta

---

[11] Cf. VANNI, U. Verso la struttura letteraria della lettera ai Filippesi, p. 81-82.

familiar de amizade. Nesse gênero as falas se misturam entre dar notícias de si, exortar e falar das coisas comuns. Quem escuta e lê tal texto como seu destinatário naturalmente se percebe envolvido, e algo é dito por alguém familiar que desperta sentimentos e convites a atitudes; tais atitudes requeridas são indicadas pelo texto na sua gramática.

b) Retomada lexical

A tessitura da perícope aparece ao ouvinte-leitor pela repetição de palavras-chave. O vocativo ἀδελφοί ("*irmãos*" 1a), que abre a perícope, reaparece em sua conclusão (13a). O "sarcástico"[12] κατατομήν ("*mutilação*", de 2c, é retomado pelo περιτομή ("*circuncisão*" 3a; e reaparecerá em 5a). O sintagma πεποιθότες ἐν σαρκί ("*os que confiam na carne*"), repetido em 3d, 4a e 4c, além de ferir o ouvido, cria sintaticamente um elo entre dois períodos (3a-4a com 4b-7b). A forma participial διώκων, usada em sentido negativo de διώκων τὴν ἐκκλησίαν (6a: "*perseguidor da Igreja*"), reaparece em sentido positivo em 12c, 14a como "*prosseguir*", mostrando o dinamismo da busca. Fato notável é κέρδη ("*ganhos*" 7a) / κερδήσω ("*ganhar*" 8f), ζημίαν ("*perda*" 7c; 8b) / ἐζημιώθην ("*perder*" 8d). Esses morfemas funcionam como um clipe do período 3.2.5 (v. 7) com o período 3.2.6, central da perícope (vv. 8-11).

O léxico que bem amarra o texto é a diversidade pronominal de referência a Χριστοῦ ['Ἰησοῦ] ("*Cristo* [*Jesus*]" 8c; 9d; 12e; v. 14): ἐν αὐτῷ ("*nele*" 9a), αὐτὸν ("*ele*" 10a) αὐτοῦ ("*dele*"10b, 10c, 10d). Nota-se a concentração do léxico e os pronomes a ele referidos, sobretudo no período em que a primeira pessoa do singular é o carro-chefe; estamos diante de uma experiência pessoal com Cristo.

Finalmente, o verbo καταλαμβάνω ("*alcançar*") serve como grampo entre dois períodos (v. 12d: καταλάβω "*alcanço*", 12e: κατελήμφθην "*ser alcançado*"; com v. 13b: κατειληφέναι "*haver*

---

[12] ZERWICK, M. *Analysis Philologica Novi Testamenti Graeci*, p. 443.

alcançado"). O v. 12 enfatiza o "já" do ser alcançado e o v. 13 o "ainda não" da necessidade de correr para alcançar.

c) A função das preposições para o movimento da perícope

Se os verbos são responsáveis pelo movimento do texto, as preposições direcionam o movimento, contendo a força dos verbos para produzir energia de comunicação. A perícope paulina, rica em preposição, apresenta a ideia de uma força domesticada, na qual a comunicação é clara e o ouvinte-leitor sente as marcações por meio das preposições.

α) ἐν (*"em"* 8x): esta preposição mostra no texto o contraste: ou em Cristo/nele, ou na carne/Lei. Este é um ponto importante da teologia da gênese do discípulo, na qual se coloca sua referência a Cristo: "Ser encontrado nele" (9a).

–   no Senhor (1a); em Cristo: 3c; 9a (nele). 14c vocação de Deus "em Cristo".

–   3b, 4ab ἐν σαρκί (*"na carne"*): chama a atenção do ouvinte; prepara a descrição dos motivos para confiar na carne (5a-6b); na Lei (6b).

β) διά (4x): explicita a centralidade de Cristo. Tanto o uso com acusativo quanto com genitivo rege sempre léxicos ligados a Jesus Cristo.

–   7b, 8bc: chama a atenção o uso da preposição διά com o sentido de *"por causa de"*, sempre ligado a Jesus Cristo.

–   9d: *"por meio da fé de Cristo"*. 9d: *"por meio de Cristo"*: esta é a novidade do Cristianismo, a mediação de Cristo na experiência da justificação.

γ) ἐκ (5x): preposição sempre regida pelo genitivo. Está presente em centros teológicos da perícope: quando fala das prerrogativas que poderiam levar a confiar na carne; presente está na fonte de justificação (Lei ou Deus):

– 5b, 5d: indicando origem, proveniência.

– 9c, 9e: estão em contraste: a partir da Lei / a partir de Deus.

– 11b "ressurreição ἐκ νεκρῶν" (*"dos mortos"*). Mais que uma realidade a partir da qual se espera a novidade, é uma fórmula de fé que une o crente ao mesmo destino de Cristo Senhor.

δ) εἰς (*"para"* 3x): indica, sobretudo, a tensão escatológica da vida de discípulo que começou a partir do momento que foi alcançado por Cristo.

– 11a εἴ πως καταντήσω εἰς τὴν ἐξανάστασιν (*"se de algum modo chegue à ressurreição"*). A preposição εἰς marca a tensão para o "tempo final", expresso como uma prova de corrida (1Cor 9,24-27).[13]

– 14b εἰς τὸ βραβεῖον (*"para o prêmio"*): escatologia do fim. Há um processo, com uma reserva escatológica de plenitude.

– 16a εἰς ὃ ἐφθάσαμεν: (*"aonde chegamos"*) a tensão para o futuro, não cronológico, mas de plenitude, exige sempre partir, sempre se desinstalar.

ε) Embora ὑπό (*"por"*) ocorra uma única vez, seu uso acompanhado pela voz passiva, tendo o agente da passiva explícito, marca a teologia da perícope, destacando a iniciativa de Cristo na gênese de Paulo para o discipulado.

ζ) Há outras preposições com menor expressividade na perícope: κατά (3x): 5e; 6a; 6b: de argumento. Também, 14a *"conforme* a meta"; ἐπί (2x) 9f; 12e *"sobre* a fé", enquanto a fé é fundamento subjetivo da ação justificadora de Deus; σύν (10d) a forma composta com o verbo: *con*formar.

---

[13] Cf. BECKER, J. *Paolo, l'Apostolo dei popoli*, p. 400.

1.2. Análise do texto como sistema morfossintático e sua semântica[14]

A análise morfossintática propõe estabelecer um mapa do texto, a partir do qual é possível colher o significado das partes – léxicos, sintagmas, frases – na relação do conjunto do parágrafo em que a carta comunica ao ouvinte-leitor uma mensagem relevante para ele.

O estudo da sintaxe está em função da semântica e da comunicação do texto. Parte-se do pressuposto de que nada está no texto por acaso, portanto todos os sinais dados pelo texto, enquanto perceptíveis partindo da abordagem sincrônica, serão colhidos e avaliados. Embora metodologicamente a sintaxe seja distinta da semântica, esta exposição optou por indicar um imediatamente após o outro, não exigindo que o leitor volte ao mapeamento sintático para entender a análise semântica.

A semântica é limitada pelo que o texto propõe. Nem por isso é suscetível de ser exaustivamente explicitada, dada a amplitude do horizonte que as relações dos diversos componentes que formam o texto são capazes de criar. Que se quer dizer com isso? Que a semântica é limitada pelo texto e pelo leitor. É evidente que o texto da Carta aos Filipenses não se presta a qualquer instrumentalização. Por outro lado, o leitor o acolhe em seu tempo e no contexto ideológico deste tempo.

O critério para a divisão das unidades para as análises morfossintática e semântica foi a existência de um período, com uma oração principal. Em função da clareza, por vezes esse critério não foi rígido, devido às dimensões dos períodos: ou muito pequenos ou demasiadamente grandes. No segundo caso foram feitas subdivisões. Será esclarecido quando o critério for mudado.

---

[14] "A morfologia é o estudo das unidades que compõem a frase, enquanto a sintaxe se dedica a descrever as relações e/ou a estabelecer-lhes as regras de construção" (GREIMAS, A. J.; COURTÉS, J. *Dicionário de semiótica*, p. 471). "A semântica se ocupa de significados e referências" (PAZ, M.; GRILLI, M.; DILLMANN, R. *Lectura pragmalinguistica de la Biblia*, p. 57).

EXEGESE DE FL 3,1-16   29

1.2.1. O ponto de partida

1a Τὸ λοιπόν, ἀδελφοί μου, χαίρετε ἐν κυρίῳ.

1b τὰ αὐτὰ γράφειν ὑμῖν ἐμοὶ μὲν οὐκ ὀκνηρόν, ὑμῖν δὲ ἀσφαλές.

"De resto, meus irmãos, alegrai-vos no Senhor. As mesmas coisas escrever para vós, a mim não é fastidioso, por outro lado, para vós é sólido."

Conforme a justificativa acima, na delimitação da perícope, a escolha da expressão τὸ λοιπόν (*"de resto"*) corresponde ao duplo papel: (1) a indicação de coisas que restam a serem ditas e (2) chamar a atenção para a importância do que será dito. O vocativo acompanhado do genitivo do pronome de primeira pessoa é um fator comunicativo que tira da rotina o ouvinte-leitor, pois isso de algum modo o toca. O imperativo χαίρετε (*"alegrai-vos"*) é a marca da abertura do assunto – que se repetirá no v. 2; aqui o convite tem um *tópos*: ἐν κυρίῳ (*"no Senhor"*).

Em 1b há um período muito bem elaborado. Este período pode ser dividido em três orações:

1bα: τὰ αὐτὰ γράφειν ὑμῖν "As mesmas coisas escrever para vós,

1bβ: ἐμοὶ μὲν[15] οὐκ ὀκνηρόν, a mim não é fastidioso,

1bγ: ὑμῖν δὲ ἀσφαλές. por outro lado, para vós é sólido."

A primeira oração é impessoal: nem quem escreve (γράφειν *"escrever"*) nem o que é escrito (τὰ αὐτά) é determinado. O destinatário aqui explicitado será retomado no terceiro membro do

---

[15] BLASS, F.; DEBRUNNER, A. *Grammatica del Greco del Nuovo Testamento*, § 447,10 "μὲν em correlação com δὲ ... é fundamentalmente característica do estilo clássico", podendo dar um destaque à oposição "é verdade que...mas" ou somente para retomar (tanto...quanto"). No caso aqui, Paulo soma os benefícios trazidos, com a sua disponibilidade em escrever. Esta mesma ideia retorna no v. 13a: ao deixar ele avança, ao avançar ele deixa.

período (ὑμῖν *"para vós"*). A segunda e a terceira orações possuem três ganchos sintáticos: nota-se que estão correlacionados como construções antitéticas: ἐμοί *"a mim"*/ὑμῖν *"para vós"*, μέν *"de um lado"* /δέ *"de outro lado"*, ὀκνηρόν *"fastidioso"*/ἀσφαλές *"sólido"*. O autor é revelado no texto pelo pronome ἐμοι (*"a mim"*), que está na oração principal do período, pois o μέν (*"de um lado"*) tem a função de colocar em "destaque a frase na qual se encontra".[16] Sendo assim, o ἐμοί (*"a mim"*) está em relação tanto com o ὑμῖν (*"para vós")* do terceiro período quanto com o ὑμῖν (*"para vós"*) da primeira oração, na tensão emissor/destinatário. Desse modo o texto estabelece um diálogo com o ouvinte-leitor.

Ademais, a primeira oração (1ba τὰ αὐτὰ γράφειν ὑμῖν – *"as mesmas coisas escrever para vós"*) está em estreita relação com Fl 2,17s, onde o texto já havia feito o convite ao "alegrar-se". Por outro lado, prepara para a importância do que será dito.

Os substantivos e ὀκνηρόν/ἀσφαλές (*"fastidioso/sólido"*) mostram o veio de simpatia para quem tem contato com o texto: "não me custa fazer o que faço em vosso favor e vos é muito importante o que é feito" (parafraseando).

Esta carta tem um forte teor de alegria.[17] Isso caracteriza o discípulo, sendo ele convidado a colher como graça tudo, inclusive a possibilidade de sofrer por causa de Jesus (ἐχαρίσθη...ὑπέρ αὐτοῦ πάσχειν – *"se alegre... por sofrer por ele"*: Fl 1,29). A abertura da perícope dá um tom positivo no convite a alegrar-se. O distintivo desta alegria é seu "lugar": ἐν κυρίῳ (*"no Senhor"*), alegria ligada ao Ressuscitado.

Paulo se apresenta voluntariamente motivado a escrever. Fazer o bem a esta comunidade é seu desejo de fundo; se continua em vida é porque é o bem deles que busca. Portanto, tudo o que segue se deve ao desejo de que seja ἀσφαλές (*"sólido"*) para a comunidade.

---

[16] Ibid., § 447,9.

[17] Este verbo aparece constantemente em Filipenses: 1,18 (2x); 2,17.18.28; 3,1; 4,4 (2x).10. Também o substantivo é recorrente: Fl 1,4.25; 2,2.29; 4,1.

1.2.2. Colocando em guarda a comunidade

2a   Βλέπετε τοὺς κύνας,

2b   βλέπετε τοὺς κακοὺς ἐργάτας,

2c   βλέπετε τὴν κατατομήν.

"Cuidado com os cães. Cuidado com os maus operários. Cuidado com a circuncisão."

Há três períodos simples com orações absolutas. A repetição da mesma forma imperativa do verbo chama a atenção do leitor e fere intensamente o ouvido dos membros da assembleia. A forma verbal escolhida indica que se deverá sempre estar atento.[18] Nas três orações temos a aliteração. Após o verbo e o pronome vem uma palavra começada com *kappa* (κύνας "cão"/ κακούς "mau"/ κατατομήν "mutilação"), sendo que o som do artigo da segunda oração e da última oração é ressoado com a terminação dos acusativos (τοὺς κακοὺς e τήν κατατομήν). Este expediente dinâmico funciona como ativador da atenção do ouvinte e do leitor.[19]

Estas três orações enfáticas referem-se a pessoas concretas, que poderiam – e até o estavam fazendo – separar as pessoas de

---

[18]   Cf. BLASS, F.; DEBRUNNER, A. *Grammatica del Greco del Nuovo Testamento*, § 336,1. O imperativo presente tem valor durativo e iterativo nas orações, instruções e normas gerais. Aqui se trata de instrução; Paulo quer dizer algo como: "estai sempre atentos".

[19]   Cf. BLASS, F.; DEBRUNNER, A. *Grammatica del Greco del Nuovo Testamento*, § 488,4: "De tom fortemente cáustico é Fl 3,2s, βλέπετε τὴν κατατομήν (Cuidado com 'o corte', 'a mutilação'). ἡμεῖς γάρ ἐσμεν ἡ πέριτομή, (Vós sois 'a circuncisão'), em que Paulo, de modo oratório, retira dos adversários a palavra de seu orgulho e a retorce para vergonha deles". Esta é a figura de som *gorgiane* da παρονομασία. Estas repetições com intuito de reforçar a comunicação encontram-se em outros textos paulinos: 1Cor 13,11; 2Cor 6,2; 7,2; 11,20 e Fl 4,8. "Todas as cartas de Paulo, e Filipenses em particular, foram antes de tudo orais – *ditadas* para ser *lidas em voz alta* na comunidade" (FEE, G. *Paul's Letter to the Philippians*, p. 16).

Cristo. Como Paulo fará em outra situação, as três admoestações se referem ao mesmo sujeito, "de diferentes ângulos".[20] Por que cães? Alguma referência ao modo pejorativo de os judeus referirem-se aos pagãos? Ou um genérico chamado de atenção contra um perigo real? Pode-se concluir sobre seu valor negativo, mas não se pode ir muito além.[21] "Resistência oposta ao anúncio e endurecimento contra a graça divina, adesão ao mal e recaída no mal são, talvez, os diversos momentos que provocam a palavra injuriosa do apóstolo."[22]

E os maus operários? São maus ou maliciosos? Sim, maliciosos.[23] Sua proposta não está de acordo com o evangelho pregado por Paulo. E os mutilados, quem são? Dificilmente não

---

[20] O'BRIEN, P. T. *The Epistle to the Philippians*, p. 353. Cf. 2Cor 11,13: "falsos apóstolos (ψευδαπόστολοι), operários fraudulentos (ἐργάται δόλιοι), disfarçados de apóstolos de Cristo". Com um e outro demonstrativo, Paulo se refere aos mesmos personagens.

[21] Cf. BEARE, F. W. *A Commentary on the Epistle to the Philippians*, p. 103. A frase poderia ter sido sugerida a partir de uma expressão latina comum de precaução: *cave canem*. Segundo o autor, são "judeus propagandistas", o termo usado por eles em relação aos gentios, Paulo faz voltar contra eles. Porém não é claro que os pagãos fossem, indistintamente, denominados cães (cf. MICHEL, O. κύων. In: KITELL, R. *GLNT* (vol. V), col. 1511-1512).

[22] MICHEL, O. κύων. In: KITELL, R. *GLNT* (vol. V), col. 1512. Estas duas passagens ilustram o espírito dos "cães". (1) Sl 59,7s.15: "Cada noite eles voltam, ladrando como cães, e giram pela cidade". Oração do salmista pedindo proteção contra os inimigos. (2) Mt 7,6: "Não deis aos cães o que é santo, nem jogueis vossas pérolas diante dos porcos, pois estes, ao pisoteá-las, se voltariam contra vós e vos estraçalhariam".

[23] É debatida a natureza dos oponentes em Filipos. Beare diz serem "judeus propagandistas" (Cf. BEARE, F. W. *A Commentary on the Epistle to the Philippians*, p. 104). Para Fee, os indicados em 1,15-17; 2,21 são cristãos, mas não estão em Filipos, provavelmente em Roma. De qualquer modo, onde está Paulo ao escrever a carta? Os indicados em 1,27-28 não são crentes, causando sofrimentos aos crentes (v. 29-30). Estes estão em Filipos. Com relação aos oponentes indicados em 3,18-19, não há um sinal cabal que indique sua presença em Filipos. Referindo-se aos oponentes de 3,2, Fee assevera que "não há indicação no texto de que eles

haverá relação com judeus, haja vista a assonância com περιτομή ("circuncisão").

Qual perigo eles apresentam? De separar quem já fez a adesão da relação fundamental com Cristo. O ouvinte-leitor se sente mesmo em guarda. O texto apresenta Paulo proposto a cuidar desta comunidade: indicando o caminho a seguir e o que evitar. Desses tais indicados com essas metáforas deve-se ter atenção, sempre se deverá precaver, vigiar, montar sentinela.[24]

1.2.3. Exórdio da apresentação do discípulo

3a   ἡμεῖς γάρ ἐσμεν ἡ περιτομή,

3b   οἱ πνεύματι θεοῦ λατρεύοντες

3c   καὶ καυχώμενοι ἐν Χριστῷ Ἰησοῦ

3d   καὶ οὐκ ἐν σαρκὶ πεποιθότες,

4a   καίπερ[25] ἐγὼ ἔχων πεποίθησιν καὶ ἐν σαρκί.

"De fato, somos nós a circuncisão, os que servimos pelo Espírito de Deus e nos gloriamos em Cristo Jesus e não confiamos na carne, se bem que eu possa ter confiança também na carne."

---

estejam atualmente presentes em Filipos" (Cf. FEE, G. *Paul's Letter to Philippians*, p. 8-10).

[24] Também na Galácia Paulo encontrou um grupo que se propunha desfazer o que ele havia feito. Lá também ele usa uma forte metáfora: ἀποκόψονται (Gl 5,12). Em 2Cor 11,26, Paulo fala dos ψευδαδέλφοι. Em comum entre esses adversários está o fato de colocar empecilho para o acesso à novidade trazida por Cristo.

[25] Cf. BLASS, F.; DEBRUNNER, A. *Grammatica del Greco del Nuovo Testamento*, § 425,1. "Partícula (*conjunção*) usada com construção com particípio", "uso clássico que tem a função de estabelecer a relação lógica com o resto da frase"; "sentido concessivo". Cf. FEE, G. *Paul's Letter to the Philippians*, p. 302. Também: O'BRIEN, Peter. T. *The Epistle to the Philippians*, p. 366.

Em 3a aparece a oração principal do período. As demais lhe estão subordinadas e funcionam como argumentação a partir do que nela foi afirmado. Chama a atenção a explicitação do sujeito pronominal nesta oração (ἡμεῖς *"nós"*), indicando o reforço, podendo plasticamente corresponder a um grifo para o leitor, e uma ênfase na voz para o ouvinte. Ademais, o περιτομή é uma clara retomada tensional do κατατομή (*"mutilação"*) do v. 2c. A forma verbal conjugada ἐσμέν (*"somos"*) se encarrega de envolver o ouvinte-leitor, pois a natureza do texto não permite a ele ficar indiferente.

As construções com particípios que seguem (3b; 3c; 3d) são todas regidas pelo verbo ἐσμέν de 3a.[26] Nota-se que os particípios de 3b e 3c estão no presente, indicando ações continuadas, enquanto em 3c é um perfeito, dando a ideia de que, como dirá em seguida, há motivos para que esta ação se mantenha e que Paulo continue confiando na carne,[27] muito embora seja outra sua escolha.

É digna de ser remarcada a presença de quatro dativos: 3a e 3b (πνεύματι *"pelo Espírito"*[28] /Χριστῷ *"em Cristo"*) e 3d e 4a (σαρκί *"carne"* 2x). Os dois primeiros explicando o que é ser περιτομή, e as duas recorrências por oposição, identificando melhor a κατατομή. Ademais, há uma relação quiástica entre 3c e 3d:

3c   a καὶ καυχώμενοι b ἐν Χριστῷ Ἰησοῦ

3d   b' καὶ οὐκ ἐν σαρκί a' πεποιθότες

A oração de 4a, embora esteja ligada ao período regido por 3a, mostra uma abrupta mudança no sujeito: de ἡμεῖς (*"nós"*)

---

[26]   Cf. ibid., § 468,1: "Paulo tem a tendência a continuar uma construção começada com verbo finito por meio de particípios coordenados".

[27]   Cf. BLASS, F.; DEBRUNNER, A. *Grammatica del Greco del Nuovo Testamento*, § 340,1: "o perfeito reúne em si, por assim dizer, o presente e o aoristo". Encontra-se aqui um dos raros casos do uso clássico da negação do particípio com οὐ: οὐκ ἐν σαρκὶ πεποιθότες, (cf. ibid., § 430,5).

[28]   "Dativo instrumental": "Impelido e em nós operante o Espírito". Cf. ZERWICK, M. *Analysis Philologica Novi Testamenti Graeci*, p. 443.

para ἐγώ ("*eu*"). Esta mudança demonstra a preparação para algo novo.

A oração principal (3a), além de polemizar com os adversários do período anterior, descreve de modo envolvente o ouvinte-leitor. Envolvente pela chamada em causa dos destinatários (ἡμεῖς "*vós*"), e também pela descrição do perfil do discípulo: relação com o Espírito e com Cristo Jesus, excluindo a confiança na carne.[29]

A circuncisão é a marca da participação na promessa de Abraão; entrada na aliança do povo com seu Deus.[30] Paulo testemunha uma compreensão transladada e espiritualizada da circuncisão:[31] Rm 2,29: περιτομὴ καρδίας ("*circuncisão do coração*"); Cl 2,11: περιετμήθητε περιτομῇ ἀχειροποιήτῳ ἐν τῇ ἀπεκδύσει τοῦ σώματος τῆς σαρκός, ἐν τῇ περιτομῇ τοῦ Χριστοῦ ("*fostes circuncidados com uma circuncisão, não por mãos humanas, mas na circuncisão de Cristo, pelo despojamento do corpo carnal*").[32]

É provável que Paulo dependa da teologia de Jeremias sobre a circuncisão. Encontramos em Jeremias uma crítica à circuncisão como algo mágico, sem referência ao homem interior e à sua relação com Deus:

a) Jr 4,4: "circuncidai-vos para o Senhor, retirai o prepúcio do vosso coração (עָרְלוֹת לְבַבְכֶם)";

---

[29] Cf. BAUMGÄRTEL, F.; MEYER, R.; SCHWEIZER, E. σάρξ. In: KITELL, R. *GLNT* (vol. XI), col. 1335: o Israel verdadeiro está em contraposição ao Israel κατὰ σάρκα (1Cor 10,18).

[30] Também João Batista (Lc 1,59), como Jesus (Lc 2,21), foi circuncidado no oitavo dia (cf. Gn 17,12; Lv 12,3).

[31] Cf. BEARE, F. W. *A Commentary on the Epistle to the Philippians*. p. 104. Cf. MEYER, R. περιτέμνω, περιτομή. In: KITELL, R. *GLNT* (vol. X), col. 68.

[32] Clara referência ao batismo. Cf. ibid., col. 64-68. Circuncisão "é usado metaforicamente para indicar os cristãos como o verdadeiro Israel" (col 69). περιτομή = "verdadeiro Israel" (col. 74). Ademais "o rito da circuncisão não é essencialmente ligado ao javismo, embora gradualmente tenha lançado raiz na vida religiosa hebraica" (col. 56), embora "não [seja] demonstrável a origem egípcia da circuncisão hebraica" (col. 53).

A GÊNESE DO DISCÍPULO

b) Jr 6,10: "tem os ouvidos incircuncisos (עֲרֵלָה אָזְנָם)";

c) Jr 9,25: "Israel é incircunciso de coração (וְיִשְׂרָאֵל עַרְלֵי-לֵב)".

Este culto movido pelo Espírito "possui um claro paralelismo com o contraste joanino entre o culto 'em espírito e verdade' que o Pai procura (Jo 4,21-24)".[33] A este culto está ligado o gloriar-se em Cristo, que não é outra coisa que o gloriar-se nas fraquezas. Aqui está o justo καύχημα ("*gloriar-se*") cristão (cf. Gl 6,14). Gloriar-se nas fraquezas é o máximo da confiança (2Cor 12,9).

"Confiar na carne." Carne é usado aqui em referência aos "sistemas de valores humanos enquanto contrapostos aos de Deus".[34] Mais que uma atitude afetiva e psíquica, é um fator inspirador de um estilo de vida. O confiar na carne constitui o contrário da πίστις Χριστοῦ ("*fé de Cristo*", cf. Fl 3,9d). A πεποίθησις é uma *confiança* que determina toda a existência, quando ela é "na carne", ela se torna aquela confiança que fecha a pessoa em si mesma, na sua força e vontade,[35] ou mesmo em situações que lhe sejam controláveis.

---

[33] BEARE, F. W. *A Commentary on the Epistle to the Philippians*, p. 105.

[34] ERICKSON, R. J. Carne. In: *Dizionario di Paolo e delle sue lettere*. Milano, San Paolo, 1999. p. 188-191. Não se pode falar de "uma concepção paulina da carne", até porque Paulo usa este léxico com pelo menos seis diversas acepções: (1) "matéria física" (1Cor 15,39), (2) "corpo humano", (3) "pessoa humana/raça humana", (4) "esfera moralmente neutra", (5) "esfera moralmente negativa", (6) "natureza humana rebelde". O sentido deve ser colhido a partir do contexto. Neste contexto é usado em referência aos "sistemas de valores humanos enquanto contrapostos aos de Deus" (5).

[35] Cf. BULTMANN, R. πείθω, πεποίθησις. In: KITELL, R. *GLNT* (vol. IX), col. 1370-1372. בטח a *LXX* traduz com πεποιθέναι ou ἐλπίζειν (*confiar, colocar a segurança*). Os profetas, particularmente Isaías, condenam que a segurança seja colocada fora de Deus (nos carros [Os 10,13], cidade [Am 6,1; Jr 5,17], muros [Dt 28,52], riquezas [Jr 49,4], beleza [Ez 16,15], opressão [Is 30,12], maldade [Is 47,10]). Isaías coloca a segurança em estreita relação com a fé – a clássica citação de Is 7,9: אִם לֹא תַאֲמִינוּ כִּי לֹא תֵאָמֵנוּ (cf. BULTMANN, R.; WEISER, A. πιστεύω, πίστις. In: KITELL, R. *GLNT* [vol. X], col. 385-388).

In brevis, pode-se afirmar que "confiar na carne" indica viver de si, por si, e para si mesmo. Toca-se aqui a relação com Deus, com si mesmo e com o próximo. O contexto permite entender que o "confiar" é "colocar a segurança em", "aquilo que o ser humano é capaz por si mesmo, ou em associação com outros, sem completa e absoluta dependência de Deus".[36] A alternativa é justamente o que o texto descreve em seguida (Fl 3,7-11). "Ele fala deste antes sempre à luz do depois",[37] sem com isso esquecer suas raízes judaicas, como indica mais à frente nos motivos para confiar na carne.

Duas coisas podem ser concluídas: a primeira, que "o chamado de Deus mudou a compreensão que ele tinha da salvação"; a segunda, que "ele permanece em uma forte continuidade com sua identidade judaica",[38] uma identidade não marcada pela confiança na carne (3d), mas em Cristo (3c).

1.2.4. Os motivos para confiar na carne

4b εἴ τις δοκεῖ ἄλλος

4c πεποιθέναι ἐν σαρκι[39],

4d ἐγὼ μᾶλλον·

5a περιτομῇ ὀκταήμερος,

5b ἐκ γένους Ἰσραήλ,

5c φυλῆς Βενιαμίν,

5d Ἑβραῖος ἐξ Ἑβραίων,

5e κατὰ νόμον Φαρισαῖος,

---

[36] BEARE, F. W. *A Commentary on the Epistle to the Philippians*, p. 106.

[37] NEUHAUS, D. M. À la rencontre de Paul, p. 356.

[38] Ibid., p. 361.

[39] Há uma estrutura formal gramatical para expressar "carne" como "esfera moralmente negativa": ἐν σαρκί + verbo (Fl 3,3.4; Gl 6,12). Cf. McGRATH, A. E. Giustificazione. In: *DPL*, p. 792.

A GÊNESE DO DISCÍPULO

6a   κατὰ ζῆλος⁴⁰ διώκων τὴν ἐκκλησίαν⁴¹

6b   κατὰ δικαιοσύνην τὴν ἐν νόμῳ γενόμενος ἄμεμπτος.

"Se algum outro pensa poder ter confiado na carne, eu ainda mais. **Pela** *circuncisão do oitavo dia, da raça de Israel, da tribo de Benjamin, hebreu de hebreus, quanto à Lei fariseu, quanto ao zelo, perseguidor da Igreja, quanto à justiça que está na Lei, me tornei irrepreensível."*

A oração 4d é a principal do período; as demais giram em torno deste epicentro. A presença do pronome ἐγώ (*"eu"*), nesta oração, mostra o destaque dado ao narrador do texto que fala de si. Quanto ao movimento do período, 4c é o objeto direto de δοκεῖ, estando as demais orações coordenadas entre si, exceto τὴν ἐν νόμῳ (*"aquela que está na lei"*) de 6b, que funciona como uma restritiva.

O período abre-se com uma condicional da realidade: dada a condição, infere-se a consequência, ou seja, se houver alguém que pense poder confiar na carne, é sabido que Paulo o pode fazer com muito mais razão.[42] Sete motivos para confiar na carne são indicados em seguida (5a-6b).

Depois da indicação do primeiro motivo, a circuncisão no oitavo dia, que foi uma escolha de outrem – provavelmente dos pais – em seu favor, o texto apresenta dois ternários: o primeiro de motivos não voluntários (ἐκ γένους Ἰσραήλ, [ἐκ] φυλῆς Βενιαμίν,

---

[40]   ζῆλον (masculino) é atestado por א² D² Ψ 365. 1175 e poucos outros maiúsculos, bem como pela Vetus latina e pela Siríaca. A opção textual (ζῆλος) é a leitura atestada por א* A B D* F G I e poucos outros manuscritos. Não há diferença de significado, embora a forma masculina seja mais comum no NT, o que explicaria a mudança proposta, posteriormente, pelos transmissores do texto.

[41]   O acréscimo θεοῦ proposto por F G (629) e poucos outros manuscritos, bem como pelas testemunhas latinas a vg. O sintagma ἐκκλησία τοῦ θεοῦ é bem presente em Paulo: 1Cor 15,9; Gl 1,13; cf. 1Cor 10,32; 11,26.22; 2Cor 1,1; 1Ts 2,14; 2Ts 1,4.

[42]   Cf. BLASS, F.; DEBRUNNER, A. *Grammatica del Greco del Nuovo Testamento*, § 371,1: "εἰ com o indicativo de todos os tempos indica uma simples suposição e delineia uma conclusão lógica".

EXEGESE DE FL 3,1-16

Ἑβραῖος ἐξ Ἑβραίων – "*da raça de Israel, da tribo de Benjamin, hebreu de hebreus*"), dom gratuito devido ao nascimento; e outro ternário de motivos voluntários (Φαρισαῖος, διώκων τὴν ἐκκλησίαν, ἄμεμπτος – "*Fariseu, perseguidor da Igreja, irrepreensível*"), fruto de escolhas livres e de esforço pessoal.

As orações que expõem os motivos não voluntários são marcadas pela preposição ἐκ, explícita em 5b e 5d, ou subtendida em 5c. As orações que mostram os motivos voluntários são todas iniciadas da mesma forma, com a repetição da preposição κατά. Esse fenômeno desperta a atenção do ouvinte-leitor.

As orações são cortadas onde sua ligação temática exercida pela descrição do "confiar na carne" é traída pela enumeração estanque dos motivos. Nota-se que se economiza ao máximo os síndetos: não há conjunções, a preposição ἐκ fica subentendida em 5c. A única forma verbal presente na sequência 4d-6b é a forma participial (διώκων "*perseguidor*" 6a e γενόμενος "*tornando*" 6b). Desse modo, o texto mostra de forma plástica, como que contando nos dedos, a intenção de enumerar muitas coisas com poucas palavras e em pouco tempo. Isso fere o ouvido e deixa o ouvinte-leitor convencido do ἐγὼ μᾶλλον ("*eu ainda mais*" 4d). A subordinada adjetiva restritiva τὴν ἐν νόμῳ ("*aquela que está na lei*" 6b) dá o tom semântico a este período, como será indicado abaixo.

O texto apresenta Paulo recapitulando o passado. Os vv. 4-6 servem como referencial para sua exposição teológica positiva de 7-11. Quanto à sua identidade, Paulo se entendia sempre na relação com outros. Disto resulta a tensão nas cartas a respeito de reconhecer-se judeu, e no Judaísmo reconhecer-se fariseu. Paulo apresenta sua identificação quando é questionado. A questão é como Saulo, judeu da diáspora e fariseu, se torna Paulo, crente no Messias Jesus e apóstolo. De um lado temos um corte com o passado (Fl 3,7-8; cf. Gl 1,13-14; 2,19), por outro lado ele se diz ainda hebreu, israelita (Rm 11,1; 2Cor 11,22), até mesmo ainda submetido à disciplina da sinagoga (2Cor 11,24).[43]

---

[43] Cf. DUNN, J. D. G. Who did Paul think He was? A Study of Jewish-Christian Identity, p. 187.

Tal "passado" ele diz esquecê-lo, não como um tirar da memória, mas como um reconsiderá-lo à luz do novo que entrou na sua vida: ser alcançado por Cristo e viver em função de conhecê-lo, pois, "seguindo Cristo, ele mesmo não mudou de religião, ele foi chamado a uma fidelidade maior".[44]

---

[44] NEUHAUS, D. M. À la rencontre de Paul, p. 367. O entendimento de Paulo depende da compreensão do Judaísmo do seu tempo. Com Parish Sanders nasce um novo paradigma, que ele chama de *covenantal nomism* (nomismo da aliança), que é a função do sistema mosaico no Judaísmo. A tese de Sanders foi revolucionária, quando ele afirmou que as questões defendidas em nome de Paulo reportavam o debate entre protestantes e católicos no período da Reforma: o Judaísmo no papel do catolicismo e o Cristianismo naquele do luteranismo. Ainda hoje, "a ideia que o cristão faz, em geral, do Judaísmo ou de um dos seus componentes, como de uma religião legalista, da justiça baseada nas obras, subsiste, não obstante as críticas pontuais – e mesmo devastadoras – feitas por aqueles que conhecem os dados bem mais profundamente que aqueles que defendem tais ideias" (SANDERS, P. *Paul and Palestinian Judaism*, p. 57-59). Como afirma Neuhaus: "A ideia de um Judaísmo estéril e seco na época de Paulo, formulado por certos exegetas cristãos, vem da Reforma" (id., p. 367). Um bem que Sanders prestou à exegese de Paulo foi fazer cessar as afirmações categóricas, mais luteranas que paulinas, pois "o apóstolo nunca declarou ter deixado o Judaísmo e pertencer a uma nova religião, ou ainda ter fundado uma. Ele sempre viu sua fé em Jesus Cristo como o cumprimento das promessas feitas a seus pais. Certo, esta mesma fé o obrigou a repensar a história de seu próprio povo, a se interrogar sobre as alianças, sobre o lugar e o estatuto dos gentios no grupo dos salvos etc., mas estas tomadas teológicas não o cortaram das suas raízes" (ALETTI, J. Où en sont les études sur S. Paul?, p. 339). Afinal, "para compreender Paulo, é necessário conhecer o mundo judaico de sua época que [...] não foi levado em conta nem compreendido, até pouco tempo faz" (NEUHAUS, D. M. À la rencontre de Paul, p. 361). Outro fator histórico importante a ser considerado é o fato de que no tempo de Paulo não tínhamos o Cristianismo como uma religião ao lado do Judaísmo, este é um fenômeno após 70. Temos, por assim dizer, um Judaísmo farisaico e um Judaísmo cristão (Cf. BELTZ, P. *The Anchor Bible Dictionary*, vol. 5, p. 187). Embora critique a tese de Sanders de "sinérgica e monoergética", Eskola admite que o Judaísmo é uma religião da graça e da misericórdia de Deus, a obediência à Lei é simplesmente uma obediência que responde à graça (ESKOLA, T. Paul et le Judaisme

Aos ouvintes-leitores "Paulo oferece sua história como paradigma para eles seguirem".[45]

"Se algum outro... eu mais." Como afirmamos anteriormente, na análise sintática 4d é o epicentro. Há uma clara comparação, sob a hipótese de que alguém pensasse poder confiar na carne. Paulo usa a retórica do excesso a propósito dos privilégios, não por que minta, mas por ir além do necessário ao convencimento.[46] Por que essa comparação? É porque deverá mostrar um caminho mais excelente, ou mesmo um caminho totalmente novo, que se dá "em Cristo".

As motivações para poder confiar na carne (5a-6b) são numerosas – sete – e robustas – parte como dom, parte como empenho. Dos sete motivos, "os primeiros quatro eram privilégios herdados, os últimos três conquistas pessoais".[47] Mas a carne não dá a segurança para a vida; confiar na carne é render-se novamente à tentação da torre de babel, procurar um nome para si (Gn 11,1-9).

---

du seconde temple. La sotériologie de Paul avant e après E. P. Sanders, p. 379-95). Também Dunn, embora admita a tese de Sanders, nas suas grandes linhas, retém que o centro de gravidade no Judaísmo tradicional parece ser muito mais na práxis, sobre a Torá enquanto instrução, que na fé (DUNN, J. D. G. Prolegomena to a theology of Paul, p. 441). Dunn, em outra ocasião, reconhecerá que "é de fundamental importância reconhecer uma forte continuidade entre Paulo e sua religião ancestral" (ibid., p. 428). Enfim, "nos termos familiares do Judaísmo alguém é introduzido na aliança pela eleição gratuita de Deus; permanece nela observando a lei e pedindo perdão pela transgressão; esse alguém 'é justo pela lei'" (SANDERS, P. *Paulo, a lei e o povo judeu*, p. 69).

[45] FEE, G. *Paul's Letter to Philippians*, p. 303. Cf. O'BRIEN, P. T. *The Epistle to the Philippians*, p. 366: "O que Paulo tem para dizer aqui é intensamente pessoal (a primeira pessoa do singular continua até o v. 14; no v. 15 o plural aparece novamente)".

[46] Cf. ALETTI, J. Où en sont les études sur S. Paul?, p. 448.

[47] O'BRIEN, P. T. *The Epistle to the Philippians*, p. 378. As quatro vantagens "carnais" não são fruto de conquistas, mas dom: circuncisão na infância, nascer judeu, pertencer à tribo de Benjamin e ser da raça hebraica (Cf. RÄISÄNEN, H. Paul's conversion and the development of his view of the law, p. 408.

O πεποιθέναι ἐν σαρκί ("*confiar na carne*") é, em realidade, o mesmo que καυχάσται ("*gloriar-se*").[48]

Abunda nas cartas de Paulo seu aberto enfrentamento contra aqueles que defendiam ser a circuncisão a condição de pertença ao Povo de Deus (cf. Rm 2,28; 1Cor 7,19; Gl 5,6-15). A circuncisão é um sinal judaico, não reconhecido por Paulo como universalmente necessário.[49] Paulo deu continuidade ao caminho de universalização presente na história do seu povo. Desde Abraão, passando pelas tentações de Israel em Canaã, sempre foi necessário deixar o próprio para acolher a novidade de Deus na história. Deixar o próprio agora significa abrir-se ao futuro, como para Abraão, esperar contra toda esperança, não confiar na carne.

Ser "da raça de Israel está ligado à herança religiosa":[50] em contraste com os gentios de Filipos que poderiam ser levados, por meio da circuncisão, aos privilégios de pertencer ao antigo Povo de Deus, Paulo o é por nascimento.[51] Por outro lado, dizer-se hebreu se refere, sobretudo, à língua falada (hebraico ou aramaico),

---

[48] BULTMANN, R. καυχάομαι. In: KITELL, R. *GLNT* (vol. V), col. 299.

[49] Cf. MATTA, Y. "Circoncis le huitième jour". L'arrière-fond juif de l'identité de Paul en Philippiens 3, 4-6. Revue des sciences religieuses, n. 85, 2, avril 2012, p. 183. Também dentro do Judaísmo, particularmente entre os profetas, foi feito um caminho de reinterpretação da circuncisão, onde ela seria "a marca visível da fidelidade à Aliança diviana". A proposta de Paulo é que esta fidelidade a Deus passa por Cristo, de tal modo que "ἡμεῖς γάρ ἐσμεν ἡ περιτομή" Fl 3,3a.

[50] FEE, G. *Paul's Letter to Philippians*, p. 307. Cf. O'BRIEN, P. T. *The Epistle to the Philippians*, p. 370. A esta raça estão ligados os privilégios elencados por Paulo em Rm 9,4-5. Cf. DUNN, J. D. G. Who did Paul think He was? A Study of Jewish-Christian Identity, p. 187: Paulo se entende judeu na relação com os gentios, e israelita na perspectiva interna (*insider perspective*), na sua relação com Deus e sua eleição. Isto fica claro no caso de Jesus, que é conhecido como "rei dos judeus" pelos não judeus, e rei de Israel pelos judeus (Mt 27,42/Mc 15,32; Jo 1,49; 12,13).

[51] Cf. BEARE, F. W. *A Commentary on the Epistle to the Philippians*, p. 106: da raça de Israel = povo escolhido.

o que seria realmente um título de glória para quem está fora da Palestina.[52]

Ser fariseu era uma escolha pessoal que empenhava numa observância irrestrita da Lei. Sua caricatura nos sinóticos não pode fazer desviar de sua relevância religiosa e admiração popular.[53]

O morfema ζῆλος é usado aqui no sentido positivo de "*zelo, ardor*". O zelo pela Torá é a marca de um bom judeu. Pode ter também o sentido negativo de "ciúme" (cf. Gl 5,20). O período macabaico permite entender o espírito de Paulo expresso por este zelo, pois há uma estreita relação entre "progredir no Judaísmo" (Gl 1,14) e os motivos de "confiar na carne" (cf. Fl 3,4-7). Fineias é um exemplo deste zelo (Nm 25,6-13).

"Perseguidor da Igreja" (6a; cf. Gl 1,13): provavelmente as pessoas que são indicadas como τὴν κατατομήν ("*a mutilação*" v. 2c) perseguiam a Igreja, mas não como Paulo. Até nisto ele era superior a eles. Dizer-se perseguidor da Igreja, vindo de um cristão, e neste contexto, é irônico.[54]

"*Quanto à justiça que está na Lei, irrepreensível*" (6b). O que para Paulo é ser "*irrepreensível*"? Paulo é como o homem que desde sua juventude observa todos os mandamentos (cf. Lc 18,21). Esta justiça está em relação à observância da Torá como entendida pelos fariseus. Esta δικαιοσύνη ("*justiça*") está em oposição com a "de Deus" (v. 9). Esta justiça está ligada à "confiança na carne". Aqui entra a observância do sábado, leis alimentícias e rituais de pureza. "Este item final dá seu clímax à lista."[55]

O ouvinte-leitor foi preparado pelo texto, este enorme elenco que um admirador do Judaísmo ouviria boquiaberto, um grego

---

[52] Cf. O'BRIEN, P. T. *The Epistle to the Philippians*, p. 372. Cf. BEARE, F. W. *A Commentary on the Epistle to the Philippians*, p. 107: hebreu = língua materna (principal!).

[53] Cf. At 23,6-9; 26,5; Gl 1,14; Mt 23,15; At 15,5.

[54] Cf. BEARE, F. W. *A Commentary on the Epistle to the Philippians*. p. 108. FEE, G. *Paul's Letter to Philippians*, p. 308: "Há uma pitada de ironia neste uso".

[55] FEE, G. *Paul's Letter to Philippians*, p. 309.

com certa curiosidade, mas todos com atenção, pois se trata de confrontar os que confiam na carne (o grupo que compõe a *"mutilação"* 2b).

Que fica destacado para o ouvinte-leitor neste período? Que ele também deve passar em resenha os seus motivos de glória, de confiança em si: sejam motivos herdados por nascer em uma determinada família, em cultura determinada, pertencente a um grupo étnico definido; sejam motivos adquiridos por escolhas e esforços pessoais: conhecimentos, *status* social devido às conquistas financeiras, fama desenvolvida por um dom extraordinário. Enfim, tudo deverá ser submetido ao critério indicado a seguir: τὸ ὑπερέχον τῆς γνώσεως Χριστοῦ Ἰησοῦ (*"a exelência do conhecimento de Cristo"* 8b).

1.2.5. O que era ganho se torna perda

7a ἀλλὰ ἅτινα ἦν μοι κέρδη,

7b ταῦτα ἥγημαι

7c διὰ τὸν Χριστὸν ζημίαν.

"mas, as coisas que para mim eram ganhos, considerei-as, por causa de Cristo, perda."

Depois da enumeração dos motivos que justificariam a confiança na carne, o texto, que parecia ter esquecido quem falava, volta a indicá-lo com pronome e verbo: 7a μοι (*"para mim"*) e 7b ἥγημαι (*"considerei"*). A oração 7b é a principal do período, tendo 7a subordinada a ela, como uma adjetiva restritiva. O verbo da oração principal se refere a uma análise feita no passado e, todavia, em plena validade.[56] O pronome demonstrativo ταῦτα (*"estas coisas"*) foi previamente tomado e explicado como ἅτινα ἦν

---

[56] Cf. BLASS, F.; DEBRUNNER, A. *Grammatica del Greco del Nuovo Testamento*, § 340,1: "O perfeito reúne em si, por assim dizer, o presente e o aoristo". Ao referir-se ao aoristo mostra a ação pontual no passado, ou

μοι κέρδη ("*que para mim eram ganhos*"). A oração 7c, por sua vez, é uma substantiva predicativa, ζημίαν ("*perda*") é o complemento do verbo, onde está elíptico o verbo ser; διὰ τὸν Χριστόν ("*por causa de Cristo*") é o adjunto explicativo.

Nota-se um período construído de forma lapidar: a b a' (7a, 7b, 7c). Onde a e a' mostram um antes e um depois. O juízo motivado (διὰ τὸν Χριστόν "*por causa de Cristo*") faz com que o que era κέρδη ("*ganhos*") seja considerado ζημίαν ("*perda*"). Estamos diante do ponto fulcral da teologia da gênese do discípulo, em que o divisor de águas é Cristo, como aqui o texto desenha. Isto será mais bem explicitado no período seguinte.

A antítese de 7a e 7c é as abas da dobradiça da perícope.[57] O que está em 7b – "*por causa de Cristo*" – é o pino central da dobradiça, pois determina a mudança da consideração da mesma coisa: antes como ganho e depois como perda. Trata-se de uma ação judicativa, ação esta na qual vem explicada sua motivação. Perda e ganho são termos do mercado de compra e venda (cf. 1Cor 4,8-13).

O que aconteceu para que o ganho se tornasse perda? Onde aconteceu a mudança? Não foi nas coisas como tais, até porque alguns dos motivos para confiar na carne permanecem independentemente da vontade, enquanto ligados ao nascimento em uma determinada família: ser circuncidado, israelita, da tribo de Benjamin e hebreu. Esses são dados irrenunciáveis; o ponto está no valor dado a tais elementos.

Onde, então, estaria o ponto da mudança? Está na nova percepção, novo modo de ajuizar valores. Dado que "ζημία não é (objetivamente) perda da coisa em si, mas (subjetivamente) perda do seu valor".[58] A motivação dada – por causa de Cristo – toca o centro. É διὰ τὸν Χριστόν ("*por causa de Cristo*" 7c), do

---

mesmo somente a ação, sem vínculo temporal; referindo-se ao presente, a forma verbal torna atuais as consequências da ação.

[57] Cf. ALETTI, J. Où en sont les études sur S. Paul?, p. 348: "Os paradoxos são a expressão mais típica e mais forte do seu pensamento".

[58] STUMPFF, A. ζημία In: KITELL, R. *GLNT* (vol. III), col. 1524.

conhecimento dele (cf. 8b), do ser alcançado por ele (cf. 12e), que tudo o mais é determinado. Nada do existir está fora da luz irradiada pelo evento extraordinário que é Cristo Jesus. A vida é vivida a partir do dom de Deus em Cristo. O período seguinte (8a-11a) ampliará conceitualmente o que está em germe em 7c: διὰ τὸν Χριστόν ("*por causa de Cristo*").

A forma verbal no perfeito (ἥγημαι "*considerei*" – 7b) deixa sua marca comunicativa no ouvinte-leitor. Ela mostra um juízo feito no passado e o efeito está mantido no presente. O texto trabalha com valoração do presente à luz de escolhas feitas no passado e sustentadas.

1.2.6. *Leitura profunda da gênese para o discipulado*

8a   ἀλλὰ μενοῦνγε καὶ ἡγοῦμαι πάντα

8b   ζημίαν εἶναι διὰ τὸ ὑπερέχον τῆς γνώσεως Χριστοῦ Ἰησοῦ τοῦ κυρίου μου

8c   δι' ὃν τὰ πάντα ἐζημιώθην,

8d   καὶ ἡγοῦμαι σκύβαλα,

8e   ἵνα Χριστὸν κερδήσω

9a   καὶ εὑρεθῶ ἐν αὐτῷ,

9b   μὴ ἔχων ἐμὴν δικαιοσύνην

9c   τὴν ἐκ νόμου

9d   ἀλλὰ τὴν διὰ πίστεως Χριστοῦ,

9e   τὴν ἐκ θεοῦ δικαιοσύνην

9f   ἐπὶ τῇ πίστει,

10a τοῦ γνῶναι αὐτὸν

10b καὶ τὴν δύναμιν τῆς ἀναστάσεως αὐτοῦ

10c καὶ [τὴν] κοινωνίαν [τῶν] παθημάτων αὐτοῦ,

10d συμμορφιζόμενος τῷ θανάτῳ αὐτοῦ,

11a εἴ πως καταντήσω εἰς τὴν ἐξανάστασιν

11b τὴν ἐκ νεκρῶν.

"*Mas, verdadeiramente, considerei tudo ser perda por causa da excelência do conhecimento de Cristo Jesus, meu Senhor; por causa de quem perdi tudo, e considero refugo, a fim de que ganhe a Cristo e seja encontrado nele, não tendo a minha justiça, aquela que vem da Lei mas aquela por meio da fé de Cristo, aquela justiça que vem de Deus fundada na fé, de conhecê-lo, o poder da sua ressurreição e a comunhão dos seus sofrimentos, con-formando com a sua morte, se de algum modo chegue à ressurreição, a dos mortos.*"

As dimensões deste período já indicam alguma coisa: há tanto a falar sobre um único ponto que não se permite mudar o assunto: há um *plus* de ganho em relação ao antes.

Pela quantidade de substantivos nota-se o interesse de nominar algo importante, no caso uma experiência com alguém que transformou a vida. O que foi dito de maneira sucinta no período anterior é agora descrito com uma profusão de ideias. Já em 8a encontramos a oração principal: ἀλλὰ μενοῦνγε καὶ ἡγοῦμαι πάντα "*mas, verdadeiramente, considerei tudo*").

Para melhor captar a articulação do período, sendo ele muito extenso, será dividido em quatro unidades menores que permitam desenovelar a densidade do texto, sem, porém, perder a mensagem do conjunto, que é a leitura teológica da experiência transmitida pelo texto.

Como vimos, 4b-6b mostra o antes. Já 7abc é a ponte que faz a passagem para a nova consideração do que realmente é ganho: conhecer Cristo Jesus (8a-11a). Estes versículos (8-11) "não descrevem diretamente a experiência do chamado de Paulo. Eles a interpretam à luz do seu 'conhecimento de Cristo'".[59]

a) Ênfase na perda

8a   ἀλλὰ μενοῦνγε καὶ ἡγοῦμαι πάντα

8b   ζημίαν εἶναι διὰ τὸ ὑπερέχον[60] τῆς γνώσεως Χριστοῦ Ἰἡ σοῦ τοῦ κυρίου μου

8c   δι' ὃν τὰ πάντα ἐζημιώθην,

8d   καὶ ἡγοῦμαι σκύβαλα,

"Mas, verdadeiramente, considerei tudo ser perda por causa da excelência do conhecimento de Cristo Jesus, meu Senhor; por causa de quem tudo perdi, e considero refugo."

A dupla recorrência da idêntica forma verbal ἡγοῦμαι em 8a e 8d indica aqui uma microunidade com uma inclusão. O período se abre com a oração principal (8a), reforçada pela "partícula asseverativa" μενοῦνγε.[61] Dado o motivo: διὰ τὸ ὑπερέχον τῆς

---

[59] RÄISÄNEN, H. Paul's conversion and the development of his view of the law, p. 408.

[60] "Paulo, raramente outros autores, usa o neutro singular do adjetivo com o valor de um abstrato" (BLASS, F.; DEBRUNNER, A. *Grammatica del Greco del Nuovo Testamento*, § 263,2).

[61] Esta partícula é asseverativa quando usada no início da frase. Outras recorrências desta partícula somente em Rm 9,20; 10,18. Ela pode ser comparada ao ἀμὴν λέγω ὑμῖν dos Evangelhos. Cf. ibid., § 441,6: "com valor intensivo ou corretivo" (ibid., § 450,4). Cf. ZERWICK, M. *Analysis Philologica Novi Testamenti Graeci*, p. 443: "particula asseverationis et quis correctionis". Este aspecto corretivo expressa a antítese do antes e do agora.

γνώσεως Χριστοῦ Ἰησοῦ τοῦ κυρίου μου (*"por causa da excelência do conhecimento de Cristo Jesus, meu Senhor"* 8b), é enfatizada a consideração negativa do que veio antes como ganho (πάντα ζημίαν *"tudo perda"* 8ab, πάντα ἐζημιώθην *"tudo perdi"* 8c, [πάντα] σκύβαλα *"[tudo] é refugo"* 8d); a ênfase é dada, como indicado entre parênteses, pela repetição de πάντα, explícito em 8a e 8c, elíptico em 8d. A excelência do conhecimento de Cristo é superior a todo γνῶσις (*"conhecimento"*) anteriormente experimentada.[62] Nota-se a identidade da raiz verbal (8c ἐζημιώθην *"perdi"*)[63] com a raiz do substantivo (8b ζημίαν *"perda"*).

Outro elemento morfológico que chama a atenção do ouvinte-leitor é o *hapax* do NT σκύβαλα, presente alhures somente em Eclo 27,4 no sentido de *"refugo"*.[64] Realmente, não se poderia ter consideração mais negativa. Está-se aqui diante de uma retórica do excesso?[65] O texto comunica uma desproporção das coisas em que se podia colocar a segurança, com a segurança em Cristo.

Como já destacado na análise sintática, o repetido apreço negativo a tudo (πάντα ζημίαν *"tudo é perda"* 8ab, πάντα ἐζημιώθην *"tudo perdi"* 8c, [πάντα *"tudo"*] σκύβαλα *"refugo"* 8d), que antes era tido como ganho, indica que, mais que uma mudança, houve um novo nascimento, uma páscoa existencial. Todas as coisas: não somente as coisas indicadas nos vv. 5-6. Pode-se encontrar eco deste radicalismo de Paulo na Carta aos Gálatas. Não há espaço para outra segurança que não seja Cristo. Circuncidar é perder Cristo; sua cruz se torna vã. Ora, ao reter tudo como perda

---

[62] Cf. ibid., p. 443. Se trata de uma *"genitivus subiectivus"*, sendo o conhecimento que possui a excelência.

[63] Esta forma verbal no ativo é traduzida por "sofrer" e na forma passiva por "perder" (ver dicionário).

[64] Cf. ZERWICK, M. *Analysis Philologica Novi Testamenti Graeci*, p. 443. Este autor conjectura a etimologia da palavra σκύβαλα a partir da frase εἰς κύνας βάλω, "jogar aos cães". Realmente, a sonoridade da frase se aproxima com a sonoridade da palavra σκύβαλα. Esta etimologia é reforçada pela tradução de Bailly, *"restes d'un repas"* (BAILLY, A. σκύβαλον In: *Dictionaire Grec Français*, p. 1766).

[65] Cf. ALETTI, J. Où en sont les études sur S. Paul?, p. 448.

A GÊNESE DO DISCÍPULO

se espera a mudança no investimento. Há uma total mudança na estratégia do investimento: τὰ πάντα ἐζημιώθην (*"tudo perdi"*) corresponde a "estou crucificado para o mundo" (Gl 6,14).

Cabe indagar se esta perda é voluntária ou casual, se foi programada ou se aconteceu sem cálculos. O texto não indica o ponto de passagem, mas é forçoso admitir que entre a consideração de tudo como perda e a busca pelo conhecimento de Cristo existe algo pontual e forte que causou a mudança. O texto traz διὰ τὸν Χριστόν (*"por causa de Cristo"* 7c), que envolve todo o processo: está no início, é causa da mudança e motiva o caminho posterior, pois "o conhecimento de Cristo representa a totalidade da realidade da vida cristã".[66] Outro marco textual para esta mudança é κατελήμφθην ὑπὸ Χριστοῦ (*"ser alcançado por Cristo"* 12e).

Cristo é chamado de "meu Senhor". Título que evoca o Ressuscitado, que já recebeu o Nome sobre todo nome (cf. Fl 2,9). No contexto, o distintivo de "meu Senhor" não indica exclusividade, mas intensidade de experiência: ele é passível de ser "meu" para todos. Aliás, o texto pretende comunicar uma experiência a ser participada e atualizada pelo ouvinte-leitor e da comunidade de Filipos. Por estar no Cânon é também para a Igreja que lê e escuta a narração deste evento transformador.

O que é este conhecimento de Cristo Jesus?[67] Não é um mero dar-se conta de sua existência no passado nem reconhecimento de

---

[66] BEARE, F. W. *A Commentary on the Epistle to the Philippians*, p. 115.

[67] Na comunidade de Corinto, Paulo teve que enfrentar uma percepção errada da gnose: aspiração de um conhecimento especulativo (1Cor 1,17ss), a ostentação de uma ilimitada liberdade prática advinda deste conhecimento (1Cor 6,12ss; 8,1ss), a pretensão de possuir qualidades pneumáticas (1Cor 12–14), eventualmente com tendências ascéticas (1Cor 7) e negação da ressurreição dos corpos (1Cor 15). Para Paulo, existe uma "autêntica 'gnose' cristã". O cristão possui uma σοφία que permite conhecer o plano divino da salvação, uma sabedoria que penetra as "profundezas de Deus", fundada sobre o divino πνεῦμα. "O conhecimento do único Deus não é um dado puramente especulativo e teórico, compatível como tal com qualquer conduta de vida, mas subsiste verdadeiramente só quando a esse acompanha a ágape" (BULTMANN, R. γινώσκω, γνῶσις. In: KITELL, R. *GLNT* (vol. II), col. 515-516).

sua doutrina e vida fora do comum. Esse não é um conhecimento estático. Os valores foram revistos a partir desse conhecimento. Este conhecimento movimentou toda a vida de Paulo, e continua movimentando, ao longo da história, a vida de tantos e tantas. É um conhecer para reconhecer e recomeçar.

O conhecimento de que fala o texto tem a ver com a relação determinadora de critérios; com adesão criadora de mentalidade; com novidade de percepção sobre o conjunto de passado, presente e futuro. Há uma escolha fundamental na vida, que informa e dá unidade ao conjunto da vida. As incoerências devem ser reconduzidas ao princípio fundamental, ao movente de fundo das escolhas. A liberdade de Paulo não nos permite dizer que ele persiga sua herança passada, ou que tenha "abandonado" sua herança, o que para ele é "refugo" é colocar a segurança nestas coisas; o centro é "conhecer a Cristo".[68] O conhecimento de Cristo "é a característica essencial do cristão". Esse conhecimento "não indica uma experiência individual, mas o modo de ser do cristão em geral".[69]

Qual é força deste "considero"? Parece ser pouco referir-se somente a uma ação reflexiva e de juízo racional. A ação continua no presente. Ele considera habitualmente tudo "refugo". Esta experiência totalizante que leva a uma nova visão deixa o ouvinte-leitor em guarda da sua disponibilidade para algo totalmente radical. Algo que não estava presente no horizonte da vida, simplesmente apareceu e foi colocado no centro como um farol que tudo orienta. Portanto, há um dom que precede todo cálculo, mas que exige uma reprogramação da vida.

---

[68] Cf. FEE, G. *Paul's Letter to Philippians*, p. 310.

[69] BULTMANN, R., op. cit., col. 519-520. "O conhecimento colhe realmente a realidade [...] quando se resolve em um empenho em atuar o imperativo que esse coloca ao sujeito conhecedor" (falando de ידע no Antigo Testamento [AT] [col. 483]). "no conhecimento de Deus o momento teórico não tem um valor determinante" (col. 505). "O momento teórico é sempre e somente em função da escolha e do comportamento prático que sobre ele se fundamenta" (col. 509).

b) Perder para ganhar

8e   *a* ἵνα Χριστὸν   *b* κερδήσω

9a   *b'* καὶ εὑρεθῶ   *a'* ἐν αὐτῷ,

> *"A fim de que ganhe a Cristo e seja encontrado nele."*

Esta pequena unidade é construída como um quiasmo: *abb'a'*, onde κερδήσω e εὑρεθῶ (*"ganhar"* e *"ser encontrado"*) correspondem um ao outro e, também, Χριστόν e ἐν αὐτω (*"Cristo"* e *"nele"*). A consideração de tudo como perda, ou mesmo σκύβαλα (*"refugo"*), tem uma finalidade, aqui indicada com a oração final (8e), bem marcada pela conjunção ἵνα. A finalidade é Χριστὸν κερδήσω (*"ganhar a Cristo"*). A ela é coordenada, também com valor final, καὶ εὑρεθῶ ἐν αὐτῷ (*"e ser encontrado nele"*). É sugestivo como o texto trabalha os radicais nominais e verbais da mesma palavra (7a κέρδη *"ganho"*; 8e κερδήσω *"ganhar"* cf. 8b e 8c). Isso chama a atenção do ouvinte-leitor.

Àquela oração final é coordenada outra oração (9a), somando novos conceitos. Em 9a temos o sintagma ἐν αὐτῷ, sintaticamente um adjunto adverbial de lugar.[70] Sobre sua semântica, como será visto, apoia-se a compreensão paulina da novidade do discípulo. Estar em Cristo é o novo da vida do discípulo.

Por que a perda? Para ganhar. Naturalmente vêm alguns *logía* lapidares de Jesus sobre o grão de trigo que deve morrer para produzir frutos (cf. Jo 12,24) e de estar disposto a perder a vida para ganhá-la (cf. Mc 8,35).[71]

---

[70]   A semântica do sintagma ἐν αὐτῷ corresponde ao sintagma ἐν ἐμοί (Jo 15,1-8), reforçado pelo verbo μένω.

[71]   Também o chamado de Abraão a sair de sua terra (Gn 12,1-4; cf. Hb 11,8); de Moisés para abandonar a casa do Faraó e ir guiar o povo no deserto (Ex 3,10; cf. Hb 11,25); de Jeremias para ser arauto do juízo de Deus (Jr 1,4-10); dos apóstolos chamados a deixar "tudo" (Mc 1,16-20;

Os verbos mostram percepções diferentes e complementares na relação com *Cristo*: na primeira frase ele é objeto a ser possuído (o acusativo Χριστόν), na frase seguinte ele é o ambiente vital onde ser encontrado (ἐν αὐτῷ *"nele"*). Se de uma parte se pretende ganhá-lo, de outra se sabe da amplidão que envolve quem o ganha; ganha-o quem se deixa encontrar nele. Para Paulo, Jesus Cristo é sua vida, portanto τὸ ἀποθανεῖν κέρδος. (*"o morrer é lucro"* Fl 1,21), porque aí está o sentido último da vida, que é σὺν Χριστῷ εἶναι (*"estar com Cristo"* Fl 1,23), por isso ele é a coisa mais central da vida, nada supera o valor do "conhecimento de Cristo Jesus, meu Senhor", pois tudo mais é considerado "refugo" (cf. 8d), comida de cachorro. Conhecer a Cristo – íntima e profundamente – este é o prêmio, meta final da vocação de Deus em Cristo Jesus (cf. Fl 3,13-14). Qualquer outra coisa que importe na vida será "em Cristo" ou "através de Cristo" de um modo ou de outro.

Cristo está no centro do Evangelho proclamado (Fl 1,15-18; cf. 1,27: "o Evangelho de Cristo"); sua morte e crucifixão "por nós" é o pressuposto tanto do nosso sofrimento "por ele" (Fl 1,29) quanto se torna ele o paradigma para nossa existência presente (Fl 2,8; cf. 3,10.18); a justificação é pela "fé de Cristo", o que quer dizer "ser encontrado nele", não tendo a própria justiça, mas a que vem de Deus. Quando Paulo fala de ser encontrado em Cristo, é algo que ele espera que aconteça no desfecho, no dia de Cristo, pois atualmente ele "já" se sente em Cristo. "Ele espera 'ganhar a Cristo e ser encontrado nele' no dia do Cristo, precisamente porque isso é *já* sua experiência de Cristo".[72]

Por isso o discípulo coloca sua glória em Cristo Jesus (v. 3c), ele realizou a salvação de Deus em nosso favor (Fl 1,11; 3,12). Cristo é, no momento presente, convicção (Fl 2,24), esperança (Fl 2,19) e alegria (Fl 3,1;4,4).[73]

---

cf. 10,21). A história de Deus conosco é a história de convites a perder para ganhar, aceitar o desafio da páscoa na vida.

[72] FEE, G. *Paul's Letter to Philippians*, p. 321.

[73] Cf. ibid., p. 49.

O sintagma ἐν αὐτῷ é característico de Paulo e corresponde ao μένῳ ἐν do EvJo.[74] Num e noutro texto está contida a novidade do discipulado. Nada externo é suficiente para definir a essência do "novo" surgido com o que se denomina discípulo que esta relação pessoal e determinante com Cristo, pois "em Cristo é Deus mesmo que nos encontra; ou melhor: Deus só nos encontra em Cristo".[75]

Tanto o μένειν ἐν ("*permanecer em*") joanino como o εὑρεθῶ ἐν αὐτῷ ("*ser encontrado nele*") paulino indicam, primeiramente, um lugar. O discípulo é aquele cujo horizonte vital de existência é Cristo, sabe não poder procurar vida fora dele, ele é a fonte. Nada mais conta; isso percebe o ouvinte-leitor, pois o texto o comunica.[76]

c) Uma nova fonte de "justiça": a fé de Cristo

Há um paralelismo antitético entre 9b, 9c e 9d, 9e que, entre si, são paralelos sinonímicos. Eis a indicação, mais amiúde, desses paralelismos:

negativo a 9b μὴ ἔχων ἐμὴν δικαιοσύνην

b 9c τὴν ἐκ νόμου

positivo a' 9d ἀλλὰ τὴν διὰ πίστεως Χριστοῦ,

b' 9e τὴν ἐκ θεοῦ δικαιοσύνην

9f ἐπὶ τῇ πίστει,

---

[74] Cf. Capítulo 3, na análise do sintagma.

[75] BULTMANN, R.; WEISER, A. πιστεύω, πίστις. In: KITELL, R. *GLNT* (vol. X), col. 455.

[76] Aqui está o núcleo da pesquisa. Este ponto será mais bem desenvolvido no Capítulo 3: Paulo e João desenham um rosto para o discípulo, cuja tinta que o define é Cristo Jesus. Somente nele o discípulo se explica e se compreende.

"Não tendo a minha justiça, aquela que vem da Lei mas aquela por meio da fé de Cristo, aquela justiça que vem de Deus fundada na fé."

Nota-se que δικαιοσύνη (*"justiça"*) é o conceito que domina esta unidade textual; está explícito em 9b e 9e, subentendido em 9c, 9d (9f). No texto, ἐμὴν δικαιοσύνην[77] se contrasta com aquela que vem διὰ πίστεως Χριστοῦ (*"por causa da fé de Cristo"*). A justiça que vem ἐκ νόμου está em contraste com aquela que vem ἐκ θεοῦ,[78] em que Deus mesmo é a causa desta justiça. Aqui são privilegiados os substantivos, a profundidade dos termos; aliás, se trata de um concentrado dos principais conceitos teológicos paulinos: ἐν αὐτῷ (= ἐν Χριστῷ), δικαιοσύνη, νόμος, πίστις – *"nele (= em Cristo)"*, *"justiça"*, *"lei"*, *"fé".*[79]

Este segmento textual, pela sua construção antitética, como indicado na análise sintática, novamente fala da novidade tendo um contraponto no passado (4b-6b). O que vem a ser esta "minha justiça" e "a justiça apoiada na fé" é algo que corresponde ao que era ganho e tornou-se perda, e ao novo advindo do conhecimento de Cristo Jesus. A raiz da relação adequada com Deus não está mais em prerrogativas de nascimento ou de conquistas, mas no fato de ganhar a Cristo e ser encontrado nele.

---

[77] ἐμήν em função predicativa, corresponde a ἴδιος, podendo ἐμὴν δικαιοσύνην ser traduzido como *"minha própria justiça"* (BLASS, F.; DE-BRUNNER, A. *Grammatica del Greco del Nuovo Testamento*, § 285,7).

[78] Este genitivo indica "a causa". Cf. ibid., § 163,1.

[79] Das 195 recorrências de νόμος no NT, 121 delas estão no *corpus paulinum*, sendo 3x na Carta aos Filipenses, sempre na perícope estudada (3,5.6.9); das 92 recorrências de δικαιοσύνη no NT, 59 delas se encontram no *corpus paulinum*, sendo 4x na Carta aos Filipenses (1,11; 3,6.9 [2x]). Entre as 243 recorrências de πίστις no NT, 144 estão no *corpus paulinum*, sendo 5x na Carta aos Filipenses (1,25.27; 2,17; 3,9 [2x]). A importância desses conceitos na teologia paulina é destacada por Bultmann, que dedica a eles análise particularizada (cf. BULTMANN, R. *Teologia do Novo Testamento*, p. 321-333, 333-350, 382-402. O sintagma ἐν αὐτῷ será tratado novamente no Capítulo 3.

Alguns sintagmas[80] que aparecem aqui requerem uma atenção especial: minha justiça, a partir da lei, fé de Cristo, apoiada na fé. Pela organização do texto, onde tudo está arranjado em função da revisão do passado à luz do presente, o que é dito ἐμὴν δικαιοσύνην (*"minha própria justiça"*) está relacionado com as vantagens que permitiam "confiar na carne". O primeiro grupo daquelas vantagens excluía outros já pelo nascimento (5b, 5c e 5d), e o outro grupo era adquirido por escolhas sempre em tensão com alguém ou contra alguém (5e, 6a e 6b): fariseu em tensão com outros grupos, perseguidor da Igreja em oposição aos seguidores do Nazareno, irrepreensível, como dirá em outro lugar, em comparação com seus coetâneos (cf. Gl 1,14). Minha justiça era o resultado do que era e do que fazia.

Uma primeira compreensão de justo é o entendimento dele como "o que respeita os direitos que outro tem em relação a si em razão de uma relação", sendo, portanto, "um conceito relativo e não ideal".[81] Ora, se a prática do amor e da obediência é essência da condição do cristão, a "minha justiça", como aparece no texto, deve ser compreendida como "egoística e interessada".

Receber o dom é extremamente comprometedor. Dizer que fomos salvos por graça nos empenha na obediência radical e na entrega total àquele de quem se recebe o dom. Há uma intervenção gratuita e decisiva em Cristo que instaura um espaço de relação. "Este dom determina radicalmente a inteira vida de fé."[82]

O pressuposto da compreensão paulina da justiça é o AT, com destaque para o Dêutero-Isaías (Is 45,8; 46,13; 51,5.6.8; cf. Sl 98,12). Deus é o juiz que exige obediência, que recompensa e pune. Fundamental é também a concepção de que a humanidade é escrava do pecado e culpada diante de Deus (Rm 3,23: πάντες

---

[80] GREIMAS, A. J.; COURTÉS, J. *Dicionário de semiótica*, p. 469: Onde se entende sintagma como "os constituintes imediatos da frase que são denominados sintagma nominal (SN) e sintagma verbal (SV)".

[81] Cf. SCHRENK, G. δικαιοσύνην. In: KITELL, R. *GLNT*, (vol. II), col. 1264-1266.

[82] Ibid., col. 1274.

γὰρ ἥμαρτον καὶ ὑστεροῦνται τῆς δόξης τοῦ θεοῦ *"pois todos pecaram e estão privados da glória de Deus"*). A tentativa de sair da escravidão pela observância da Lei é fadada ao fracasso. Só o justo pode estar em comunhão com Deus. A novidade do Evangelho paulino é que não é no operar autônomo do ser humano que se funda a comunhão com Deus, mas na soberana e gratuita decisão do Criador, a intervenção decisiva em Cristo a favor da humanidade. A δικαιοσύνη coloca em movimento a δύναμις (*"força"*) de Deus.

Por outro lado, é uma distorção do pensamento paulino confundi-lo com um "antinomismo, de modo a fazê-lo um incentivo ao laxismo e ao fraco compromisso".[83] Não se pode dizer que seja anulada, por outro lado tudo que serve para limitar a pertença ao Povo de Deus é relativizado. "A concepção paulina da lei é complexa."[84]

Na justificação há juízo e graça e não juízo e pena. Na justificação do ímpio há um paradoxo total. De onde vem esta justiça? De Deus. Ela fornece motivos que estimulam a avançar.

O sintagma ἐκ νόμου (*"que vem da Lei"*) é mais amplo que a obediência à Torá escrita; entra a tradição dos pais: tradição oral, costumes e práticas que distinguiam o grupo.[85] Paulo entende que o evento Jesus Cristo muda substancialmente a perspectiva da Lei. Não é um cumprimento para garantir os próprios direitos diante de Deus, mas para que seja realizado o direito absoluto de Deus sobre nossa vida. O pressuposto da ação é a filiação divina.

---

[83] SCHRENK, G. δικαιοσύνη. In: KITELL, R. *GLNT* (vol. II), col. 1271.

[84] Cf. THIELMAN, F. Legge. In: *DPL*, p. 932. Como já foi remarcada anteriormente, uma visão estreita da relação de Lei e evangelho, fé e obras, não encontra unanimidade no ambiente acadêmico. Há uma vertente que sai de C. G. Montefiore (1894), passa por W. D. Davies (1948) e chega a E. P. Sanders (1977), J. D. G. Dunn e H. Raisanem (1986), que discorda da visão luterana – e dos que dele receberam influxo (Bultmann, Käsemann) – a respeito do Judaísmo contemporâneo a Paulo.

[85] A concepção de que toda Lei está ligada ao Sinai "se trata de um juízo de fé, não de uma teoria histórica" (KLEINKNECHT, H.; GUTBROD, W. νόμος. In: KITELL, R. *GLNT* [vol. VII], col. 1326.)

O papel de mediação da Lei na relação com Deus é tomado pela palavra de Jesus, ou melhor, por Jesus mesmo.

Um judeu entende a Lei como expressão da soberania de YHWH sobre toda a vida do povo, que lhe pertence porque ele o resgatou e escolheu (cf. Ex 20,2; Dt 7,7). O motivo pelo qual se observa a lei é a obediência, porque o povo pertence a Deus que o libertou do Egito.[86] Por outro lado, os profetas chamam a atenção para não fugir ao essencial na relação com Deus e com o próximo passando pelas lacunas da lei positiva exteriormente respeitada. O caráter negativo dos mandamentos "confirma claramente que o lugar teológico destas leis é a aliança da eleição; não se ordena o que cria aliança com YHWH; se proíbe, em vez disso, o que a revoga".[87] De onde "o dever de cumprir a Lei permanece sempre uma consequência e não fundamento da eleição", pois "o cumprimento da Lei não cria a relação com Deus, mas mantém a relação já existente com ele".[88]

O Messias crucificado e ressuscitado tirou a Torá do centro: "a Lei foi excluída como caminho de salvação; em seu lugar entrou Cristo".[89] O objetivo da Lei é obedecer a Deus. A radicalização desta obediência é acolher pela fé o perdão dado através da cruz de Cristo. Gl 2,21: "se a justiça vem pela Lei, então Cristo morreu em vão".[90] A execução de mandamentos pode levar à presunção. A Lei mostra a necessidade da graça e do perdão de Deus. Ela não pode dar a vida. Seria uma tentativa errada procurar a vida a partir da observância da Lei. A justiça não é dada em base

---

[86] KLEINKNECHT, H.; GUTBROD, W. νόμος. In: KITELL, R. *GLNT* (vol. VII), col. 1275.

[87] Ibid., col. 1276.

[88] Ibid., col. 1292. Sanders fala da *covenantal nomism* e todas as consequências de sua compreensão do papel da Lei para o povo judeu no AT e no tempo de Paulo.

[89] Ibid., col. 1377.

[90] Gl 2,19: "fui pregado na cruz com Cristo"; Rm 7,4: "morrestes para a lei mediante o Corpo de Cristo".

às ações, o ato de perdão tem lugar fora das obras humanas, fora da Lei; veio pela cruz de Cristo.

As conclusões de Paulo não são fruto de uma reflexão, de raciocínios. É o fato de o Messias crucificado ser o novo critério para releitura da história da salvação. Está-se diante de uma revelação, não de uma doutrina nos limites da razão. Não se está ligado a um ordenamento jurídico determinado, mas à obediência a Deus. A Lei é "absorvida e remodelada para assumir a forma da nova aliança".[91]

A obediência ou é total ou não é obediência. A Lei não pode tutelar a desobediência do homem ao direito de Deus (cf. Mc 10,21). Há uma exigência incondicionada de Deus sobre o homem. Daí Paulo dizer que sua justiça vem da fé de Cristo e não da Lei.

Mais debatido é o sintagma πίστις Χριστοῦ (*"fé de Cristo"*). Várias questões são colocadas: é um genitivo subjetivo – Jesus é que tem fé/fidelidade – ou objetivo – como fé em Jesus? Fé aqui deveria ser entendida no sentido hebraico de fidelidade – ação obediente de Jesus até a morte e morte de cruz – ou da confiança, destacando a humanidade de Jesus de Nazaré? O sentido de qualquer palavra ou sintagma depende diretamente do contexto, contexto direto e mais amplo de escritos afins, no caso, nos escritos de Paulo.[92]

---

[91] THIELMAN, F. Legge. In: *DPL*, p. 941.

[92] Cf. WILLIAMS, S. K. Again *Pistis Christou*, CBQ 49 (1989) 444-445. O sintagma πίστεως Ἰησοῦ Χριστοῦ recorre, ademais, em: Rm 3,22 (26); Gl 2,16 (20) (26 [Î 46]); 3,22. (a) Rm 3,22: pode ser entendida como "a fé do próprio Cristo como protótipo, fé de Cristo como tal agora determina a existência pessoal de todo crente"; em (b) Gl 2,16 "ele mostra a fé escatológica introduzida no mundo por Cristo como uma nova possibilidade da existência humana"; em (c) Gl 3,22 "o apóstolo deseja enfatizar a inauguração escatológica da fé". De qualquer forma, a questão não pode ser dirimida do ponto de vista sintático; seja o sentido subjetivo, seja o objetivo do genitivo, encontram fundamento. A dificuldade é mais no modo de conceber o dogma. Como admitir fé em Jesus? Não estaria isso justificando uma *imitatio Christi*? (Käsemann). As duas possibilidades são possíveis em Paulo e na dogmática. O genitivo subjetivo evidencia

O discípulo "atualiza" e se determina existencialmente com a "fé de Cristo", da qual ele é o "criador" e o "exemplar" modelo. Esta "fé de Cristo" se vive ἐν Χριστῷ ("*em Cristo*"), que é "uma designação da vida cristã".[93]

Essa concepção é familiar a Paulo e ele a incorporou em sua teologia, a noção da fé/obediência própria de Cristo. Ela "não é outra coisa que o modo de ser de Cristo, agora por meio do evangelho feito acessível a todos".[94] Não há outro meio de receber a gratuita salvação de Deus em Cristo senão por essa adesão obediente.

Que essa justiça seja apoiada na fé, não pode ser outra senão a "fé de Cristo".[95] O contexto evidencia a mudança do ponto em que se coloca a segurança: outrora na carne, agora em Cristo. Sendo assim, também o sentido objetivo da fé de Cristo, como fé nele, entrega e total envolvimento com ele, é bem colocado.

No conjunto da carta, porém, não fica excluída a fidelidade de Jesus que se esvaziou, sendo obediente e confiante que Deus é a fonte de vida, não sendo necessário defender-se contra ninguém para ganhar um lugar ao sol, pois Deus é confiável. Este hino cristológico se contrapõe à atitude de defesa e revolta do primeiro

---

o contraste de Jesus com Adão (Rm 5); o genitivo objetivo, o meio pelo qual somos justificados (Rm 3,21-26). "Se Paulo convida os convertidos a serem obedientes com base na obediência de Cristo (Fl 2,8.12), não seria igualmente a fé deles baseada na de Cristo?" HOOKER, M. D. *PISTIS XPISTOU*, p. 324. A dogmática acolhe o realismo da *kénosis*, em que a relação do Filho com o Pai é mediada pela condição humana.

[93] WILLIAMS, S. K. Again *Pistis Christou*, p. 439.

[94] Ibid., p. 445-446.

[95] Rm 3,22: διὰ πίστεως Ἰησοῦ Χριστοῦ "*medium quo iustitia Dei in homine efficax fit*" (meio pelo qual a justiça de Deus se faz eficaz no ser humano): ZORELL, F. *Lexicon Graecum Novi Testamenti*, p. 341; Rm 3,26: ἐκ πίστεως Ἰησοῦ. "*qui habet fidem, qui fidem movetur*" (ZORELL, F. *Lexicon Graecum Novi Testamenti*, p. 342).

Adão.[96] Portanto, a ambiguidade do texto deve ser mantida para a acolhida completa da sua comunicação.

Para Paulo, "πίστις (*"fé"*) não é uma disposição psicológica do homem, mas antes de tudo a *aceitação do* κήρυγμα (*"proclamação"*), isto é, a submissão ao caminho de salvação querido por Deus e manifestado em Cristo".[97] A fé também "não é uma espécie de passaporte para a salvação". Paulo fala de "uma atividade que continua, não uma visita fugaz".[98]

---

[96] Para Paulo, Jesus é o descendente de Abraão (Gl 3). Na linha de raciocínio da Carta aos Gálatas é perfeitamente compreensível que Jesus, sendo herdeiro, tenha a mesma atitude de fundo de Abraão.

[97] BULTMANN, R.; WEISER, A. πιστεύω, πίστις. In: KITELL, R. *GLNT* (vol. X), col. 456. Nesse mesmo verbete o autor dá iluminadoras definições e aplicações da fé. Na fé se "confessa que tudo o quanto é e tem, o deve tudo ao que Deus cumpriu em Cristo" (col. 456). "A πίστις é a maneira peculiar de entender a χάρις divina e de compreender também a si mesmo em dependência da χάρις" (col. 458). O conhecimento do κήρυγμα leva a uma "nova compreensão de si" (col. 458). "A πίστις não se exaure na aceitação do κήρυγμα", mas "dirige e governa toda a vida" (col. 459). "A fé é o modo de viver daquele que está 'crucificado com Cristo', que não vive mais como um eu só e independente, mas no qual vive Cristo (Gl 2,19s)" (col. 463); "o caminho dos ἔργα νόμου é a falsa via da salvação porque o homem se serve para fundar sobre tais obras o seu καύχημα, o seu 'direito' e a sua 'pretensão' junto a Deus" (col. 465). A fé é superação da tentação de estar seguro de si em relação a Deus. A fé que se apresenta como obediência é a disposição adequada do homem em relação a Deus (cf. col. 465). A fé é " aquela disposição fundamental da vida que determina as atitudes individuais" (col. 465). "O abandono da segurança humana no ato de tornar-se crente deve ser mantido e defendido para impedir o homem natural de retomar as rédeas" (col. 466). Quem está ἐν Χριστῷ é uma nova criatura (2Cor 5,17), o tempo da χάρις tomou o lugar daquele do νόμος (Rm 6,14); a 'vinda' da πίστις é o tempo escatológico (Gl 3,23ss) (col. 466); "a relação com o passado e o futuro constitui uma unidade (1Ts 4,14) própria porque a obra de Deus cumprida no passado é a obra escatológica, que tem poder determinante sobre o inteiro futuro" (col. 467).

[98] MORRIS, L. Fede. In: *DPL*, p. 612.

"O Cristianismo é um evento único de fé",[99] o mesmo não pode ser dito de todas as experiências religiosas. Em algumas são os rituais, em outras a observância de preceitos e em outras, ainda, processos de interiorização podem tomar o lugar central. O ouvinte-leitor é colocado diante de alternativas: a justiça ἐκ νόμου ("*que vem da Lei*") ou a justiça ἐκ θεου ("*que vem de Deus*"). Em estreita consonância com a escolha feita antes, de considerar o conhecimento de Cristo como algo infinitamente superior a todos os motivos para confiar na carne, aqui deverá ser consequente: tudo deverá ser ordenado a partir da πίστεως Χριστοῦ ("*da fé de Cristo*" 9d).

d) Conhecer e conformar-se ao mistério de Cristo

10a τοῦ γνῶναι αὐτὸν

10b καὶ[100] τὴν δύναμιν τῆς ἀναστάσεως αὐτοῦ

10c καὶ [τὴν] κοινωνίαν [τῶν] παθημάτων αὐτοῦ,

10d συμμορφιζόμενος τῷ θανάτῳ αὐτοῦ,

11a εἴ πως καταντήσω εἰς τὴν ἐξανάστασιν

11b τὴν ἐκ νεκρῶν.

> "*... de conhecê-lo e o poder da sua ressurreição e a comunhão dos seus sofrimentos, con-formando com a sua morte, se de algum modo chegue à ressurreição, a dos mortos.*"

---

[99] Ibid., p. 605.

[100] καί epexegético. Conhecer a Cristo, *isto é*, o poder da sua ressurreição. Cf. ZERWICK, M. *El Griego del Nuevo Testamento*, § 455z. Gramaticalmente, é possível esta análise sintática, mas admitir que o verbo "conhecer" está elíptico em 10b e 10c parece ser mais conforme o entendimento do que é conhecer, como será visto na análise semântica.

É retomada a finalidade da perda, do considerar tudo como σκύβαλα ("*refugo*"). Depois de expressa a finalidade de "ganhar a Cristo" "e ser encontrado nele" (8e ἵνα Χριστὸν κερδήσω 9a καὶ εὑρεθῶ ἐν αὐτῷ), agora vêm estas três orações coordenadas, nas quais a forma verbal γνῶναι ("*conhecer*"), que aparece em 10a, está elíptica em 10b e 10c e indica o escopo da ação de considerar tudo perda.[101]

Chama a atenção a repetição de pronome αὐτός referindo-se a Cristo: 10b ἀναστάσεως αὐτοῦ "*ressurreição dele*", 10c παθημάτων αὐτοῦ "*sofrimentos dele*" e 10d θανάτῳ αὐτοῦ "*morte dele*". Encontra-se aqui o núcleo do κήρυγμα: ressureição, paixão e morte de Cristo (αὐτοῦ "*dele*"), que é o objeto desejado para conhecer e participar[102] (10c), ou mais ainda, de con-formar-se de modo vivencial, em um "processo contínuo"[103] (10d). Essa oração traz um *hapax* absoluto, criação da teologia paulina, a forma verbal συμμορφιζόμενος ("*com-formando*")[104]. O prefixo σύν ("*com*") permite ao ouvinte-leitor intuir que isso envolve, em um nível existencial, quem faz esta experiência.

Esta última oração que conclui o período, sendo uma subordinada condicional, pode, sintaticamente, ser ligada diretamente à oração principal. Eis o que resultaria: 8a ἡγοῦμαι πάντα ζημίαν εἶναι [...] 11ab εἴ πως καταντήσω εἰς τὴν ἐξανάστασιν[105] τὴν ἐκ νεκρῶν ("*julgo todas as coisas ser perda [...] se de algum modo*

---

[101] Cf. BLASS, F; DEBRUNNER, A. *Grammatica del Greco del Nuovo Testamento*, § 400,1: "τοῦ com infinitivo pertence a um nível mais elevado da *koiné* [...] é usado para denotar o escopo".

[102] BAILLY, A. *Dictionaire Grec Français*, p. 1111: "ação de ter em comum, de partilhar ou de participar a". O binômio comunhão e participação são redundantes, pois estar em comunhão é já participar.

[103] ZERWICK, M. *Analysis Philologica Novi Testamenti Graeci*, p. 444.

[104] Cf. Rm 6,5: "Pois se fomos identificados (σύμφυτοι γεγόναμεν) a ele por uma morte semelhante à sua (τῷ ὁμοιώματι τοῦ θανάτου αὐτου), seremos semelhantes a ele pela ressurreição (καὶ τῆς ἀναστάσεως ἐσόμεθα·)".

[105] *Hapax* do NT. Encontra-se somente em Gn 7,4 (*LXX*). Em Rm 1,4, Paulo usa a expressão ἐξ ἀναστάσεως νεκρῶν. Não há variante textual

chegue à ressurreição, a dos mortos"). A oração 11a indica a condição que está diante, que atrai para o fim.[106]

As várias referências a Cristo, por meio do pronome, mostram o delinear da estrutura mesma do discípulo. Quem é o discípulo? É aquele que conhece Jesus, a força da sua ressurreição, a comunhão com seus sofrimentos e con-forma à morte dele. Conhecer não é "misticismo",[107] é algo concreto: participar dos sofrimentos (cf. Fl 2,8 obediente até a morte e morte de cruz); "é o paradigma supremo de toda vida cristã".[108] Eis um plano de existência a ser personalizado.

O que o texto quer dizer com "conhecer" a Cristo? Como isto se dá em relação à sua ressurreição e aos seus sofrimentos? Como con-formar-se à morte dele? Conhecer a Cristo supõe total envolvimento com ele. Este "é o conhecimento de alguém que ama e sabe ele mesmo ser amado".[109]

Agir de uma determinada forma auxilia outros no caminho do conhecimento de Cristo Jesus. Esse conhecimento pode começar como contato com o fenômeno criado a partir deste centro. Aqui está o testemunho de Paulo, também o de Timóteo e Epafrodito.

---

e, ademais, o contexto não admite tradução diferente de ἀνάστασις = ἐξανάστασις = *ressurreição*.

[106] Cf. BLASS, F.; DEBRUNNER, A. *Grammatica del Greco del Nuovo Testamento*, § 375,1: "εἰ vem usado com um valor particular para exprimir a expectativa, que acompanha uma ação". Cf. também: ZERWICK, M. *Analysis Philologica Novi Testamenti Graeci*, p. 444.

[107] Beare fala de uma "participação mística" como o misticismo helenístico. Este autor afirma que, para entender o que Paulo quer dizer com o "conhecer", deve-se indagar além da concepção veterotestamentária com "conhecimento de Deus", também o misticismo helenístico (cf. BEARE, F. W. *Commentary on the Epistle to the Philippians*, p. 114-115). Mas contrariamente estão as afirmações dos profetas que explicam suficientemente o que Paulo entende por conhecer.

[108] FEE, G. *Paul's Letter to Philippians*, p. 329.

[109] BEARE, F. W. *Commentary on the Epistle to the Philippians*, p. 115.

O conhecimento de que se fala aqui é pleno de consequências existenciais. Algo que não enche a cabeça, mas a vida. É o reconhecimento de algo. O texto mostra que há uma "perda" prévia. Assim como não se ganha a Cristo sem perder outras coisas, não se reconhece a Cristo sem abrir mão de outra sabedoria.

A oração 10a é uma proposição final que está ligada à principal (8ab): "verdadeiramente eu considero tudo ser perda". Poderíamos construir o raciocínio do seguinte modo: "Eu considero tudo ser perda para conhecer a Cristo". O esvaziar-se de Cristo (cf. Fl 2,6) corresponde à "perda" do discípulo; que é o esvaziar-se de toda pretensão de bastar-se, de poder fazer algo independente ou fora dele.[110]

A vida do discípulo não se dá fora ou paralelamente ao destino vivenciado por Cristo. Este texto depõe contra isso. O discípulo tem que viver a única forma verdadeira de vida, aquela de Cristo. Não é mera imitação, ou seguimento por aquisição de virtudes; isso é bom, mas o texto diz mais. O texto indica ao ouvinte-leitor uma vida em Cristo que, em última análise, é uma vida *de* Cristo. Como se dá isso? O texto indica o caminho: passar em revisão todos os valores, reprogramá-los e atualizar em si os sentimentos de Cristo Jesus pelo *conhecimento da força da ressurreição* (γνῶναι [...] τὴν δύναμιν τῆς ἀναστάσεως), a *comunhão* (κοινωνία) com seus sofrimentos, a *con-formação* (συμμορφιζόμενος) com sua morte.[111]

Conhecer a força da ressurreição de Jesus é experimentá-la, fazê-la o movente de fundo das próprias escolhas, onde, "vencido todo traço de egocentrismo, se abandona totalmente ao Cristo em uma comunhão perfeita de vida".[112] Essa força age no espírito humano por uma atração. Não é necessário pensar em qualquer coisa material, que seja comunicada ao discípulo, como algum tipo

---

[110] Este mesmo princípio de dependência está presente no texto joanino que será analisado no Capítulo 2: "χωρὶς ἐμοῦ οὐ δύνασθε ποιεῖν οὐδέν" de Jo 15,5f.

[111] Cf. também Fl 2,5: φρονεῖτε ἐν ὑμῖν ὃ καὶ ἐν Χριστῷ Ἰησοῦ.

[112] GRUNDMANN, W. δύναμις. In: KITELL, R. *GLNT*, col. 1555.

de energia física. Essa δύναμις ("*força*") pressupõe a estrutura religiosa do ser humano, que é mais do que pode ser descoberto seccionando com bisturi. Sabendo, porém, que "nenhuma possibilidade de salvação é dada ao homem enquanto tal; a iniciativa da salvação pode partir somente da onipotência divina".[113]

Há algo no ser humano que, contemplando e absorvendo pelos sentidos, com uma razão aberta e atenta ao conjunto da vida e da existência, capta o que lhe corresponde maximamente, dando um *plus* de sentido e de luz para seus enigmas existenciais: a força da ressurreição e a força que permite sair da morte e das experiências de morte. Excluindo as técnicas mágicas e os mitos de imortalidade, "existe somente o poder soberano que, ressuscitando o Cristo, subtraiu os crentes do poder da morte, garantindo-lhes a ressurreição gloriosa e a vida eterna".[114] Conhecer o poder da sua ressurreição: isto se dá pela participação no dom escatológico do Espírito. No dinamismo antropológico do ser humano, onde entraria este "poder"? Na mente, na vontade, nos afetos.

A comunhão com seus sofrimentos se dá no modo de viver os próprios, que de algum modo foram assumidos por ele. Não se pode esperar eximir-se do sofrimento, pois "os παθήματα significam os *sofrimentos* que nascem necessariamente da oposição entre o evento de Cristo e a natureza do αἰών (*mundo*) presente".[115] O sentido do sofrimento é dado pela comunhão com Cristo, e esta "comunhão com Cristo advém mediante a fé, que significa união de vida com ele [...] não se trata de uma anulação mística em Cristo".[116] Pois, assim como a experiência das dores do discípulo são reais, real é também a comunhão nos sofrimentos de Cristo. A participação nas dores e na morte permite esperar a

---

[113] Ibid., col. 1533.

[114] Ibid., col. 1552.

[115] MICHAELIS, W. παθήμα. In: KITELL, R. *GLNT* (vol. IX), col. 1074.

[116] HAUCK, F. κοινωνία. In: KITELL, R. *GLNT* (vol. V), col. 712. A explicação deverá ir além de uma comunhão meramente mística, pois o texto pressupõe experiências reais de sofrimento (cf. MICHAELIS, W. παθήμα. In: KITELL, R. *GLNT* (vol. IX), col. 1069-1070).

participação na sua glória.[117] Os filipenses são *companheiros na graça* (Fl 1,7: συγκοινωνούς μου τῆς χάριτος) e *na aflição* (Fl 4,14: συγκοινωνήσαντές μου τῇ θλίψει), com grande reciprocidade *no dar e no receber* (Fl 4,15: ἐκοινώνησεν εἰς λόγον δόσεως καὶ λήμψεως). Os *"logia* como Mt 5,11; 10,17s devem ter constituído para Paulo – e para suas comunidades – o pressuposto para considerar o sofrimento".[118]

Como seria possível con-formar à morte de Cristo? A con-formação não se dá na estrutura externa, mas nas escolhas internas. Con-formar à morte de Cristo "significa conformidade com aquelas atitudes que levaram Cristo a submeter-se à morte":[119] obediência para nossa redenção. O texto não faz nenhuma referência à paixão de Cristo, mas o hino cristológico fala de uma "obediência" até a morte. "Conformar com a morte de Cristo, isto é, viver uma existência marcada pela cruz (*cruciform existence*)."[120] A con-formação se dá nesta obediência, que é uma entrega total, confiante e despretensiosa, participação nos sofrimentos (cf. Fl 2,5-11): o caminho feito por Cristo não é alternativo. O conjunto da vida de Cristo é acolhido na própria vida: sofrimentos e ressurreição, quer dizer, a totalidade. Ela é total porque tudo considera perda; é confiante porque a única coisa que busca é ganhar a Cristo e ser encontrada em Cristo; despretensiosa porque se sabe ainda não aperfeiçoada (12b). O discípulo morreu com Cristo no passado (batismo) e agora vive crucificado com ele (no presente). O ponto é: "fazer da morte de Cristo na cruz como a forma fundamental da nossa vida terrena",[121] sendo que também no presente participa na vida do Cristo ressuscitado.[122]

---

[117] HAUCK, F. κοινωνία. In: KITELL, R. *GLNT* (vol. V), col. 716-7171.

[118] MICHAELIS, W. παθήμα. In: KITELL, R. *GLNT* (vol. IX), col. 1073.

[119] HOOKER, M. D. *PISTIS XPISTOU*, p. 332.

[120] FEE, G. *Paul's Letter to Philippians*, p. 327.

[121] BALTHASAR, H. U. *Chi è Il Cristiano?*, p. 95.

[122] Cf. BEARE, F. W. *A Commentary on the Epistle to the Philippians*, p. 124-125.

A conclusão deste fragmento é apontada por uma condicional, que indica a expectativa de futuro que acompanha a ação (cf. 11ab). Esta tensão para o futuro, para a ressurreição dos mortos, é uma marca da teologia paulina, na qual, ao lado do "já" do conhecimento de Cristo, ou de algum nível de participação na sua vida nova, há sempre uma reserva escatológica.

Que elemento comunicativo poderia mais claramente ser passado ao ouvinte-leitor desta unidade? O mapa sintático do pronome que retoma Cristo (αὐτός) não o deixa fugir da relevância de algo que aconteceu com Cristo, mas, pelo fato de conhecê-lo, deverá ser atualizado nele. Não se trata de uma repetição de fatos – o que não é possível –, mas de uma *mimesis* existencial do núcleo das escolhas de Cristo, colocando-se nele na relação com Deus.

1.2.7. A ênfase no "ainda não"

12a Οὐχ ὅτι ἤδη ἔλαβον

12b ἢ ἤδη τετελείωμαι,

> "Não que já tenha tomado posse ou já tenha sido feito perfeito..."

O breve período está composto de duas orações coordenadas, sendo a segunda uma coordenada alternativa. Sua construção mostra que uma e outra coisa estão excluídas. A conjunção disjuntiva ἢ ("ou") tem aqui a função copulativa[123], e ambas são negadas pela forma adverbial οὐχ: nem uma coisa nem outra. Não recebeu definitivamente aquilo que busca (verbo no aoristo), nem se encontra em um estado de perfeição atualizado (verbo no perfeito). O objeto da forma verbal ἔλαβον ("*tenha tomado*

---

[123] Cf. BLASS, F.; DEBRUNNER, A. *Grammatica del Greco del Nuovo Testamento*, § 446,2: "se aproxima do valor copulativo".

posse" 12a) está contido no v. 10,[124] em que tal posse permitiria a perfeição (12b).

A reserva escatológica fica claramente indicada neste fragmento do período. Há uma dialética forte na perícope analisada. Ao lado do conhecimento, comunhão, conformação, há uma explícita negação do "já" como realização da totalidade do que se espera. A repetição do ἤδη e sua negação são sintomáticas. Isso chama a atenção do leitor e fere o ouvido. No presente se vive uma *"existência cruciforme"*, na comunhão com os sofrimentos (Fl 1,29 καὶ τὸ ὑπὲρ αὐτοῦ πάσχειν *"sofrer por causa dele"*), a morte e a ressurreição, na esperança do *"corpo da glória dele"* (cf. Fl 3,21 τῷ σώματι τῆς δόξης αὐτοῦ).

A estrutura fundamental da teologia de Paulo, especialmente pela "salvação em Cristo", é sua compreensão escatológica da existência – "já" e "ainda não". Já fomos salvos, mas a consumação da salvação espera a vinda de Cristo – *"o dia de Cristo Jesus"* (ἡμέρας Χριστοῦ Ἰησοῦ Fl 1,6.10; cf. 2,16); a salvação não foi completamente realizada. Deus já começou um trabalho em nós, mas o levará a cumprimento no "dia de Cristo Jesus" (Fl 1,6). Dizer "ainda não" é fugir da tentação de recair na pretensão diante de Deus. Saber que ainda não alcançou, ainda não foi feito perfeito. Esta é a marca da reserva escatológica, sem com isso deixar de estar seguro de, por graça, ter sido definitivamente alcançado e já viver uma nova escala de valores.

Tanto no hino cristológico (especialmente Fl 2,9-11; cf. v. 16) quanto no testemunho da experiência de Paulo em Fl 3 (vv. 10-14; 20-21), é central a escatologia. "Já" nossa cidadania está no céu, de onde esperamos a vinda do Salvador, Jesus, o Senhor. É sugestiva a expressão ambígua de Fl 4,9: "O Senhor está perto".[125]

---

[124] Cf. ZERWICK, M. *Analysis Philologica Novi Testamenti Graeci*, p. 444. O sentido de *"prendre possession de"*, no contexto, é a melhor tradução, pois indica a consumação do já escatológico (cf. BAILLY, A. λαμβάνω. In: *Dictionaire Grec Français*, p. 1167).

[125] Cf. FEE, G. *Paul's Letter to Philippians*, p. 50-51.

O discípulo não nasce de certo tipo de "posse" do divino, mas de uma qualificada relação. Ele "sabe que, a todo o momento, [...] está sob o axioma: τί δὲ ἔχεις ὃ οὐκ ἔλαβες (*"Que tendes que não recebestes?"* 1Cor 4,7)".[126] A posse pode gerar pretensão e vanglória. O discipulado será sempre dinâmico em tensão para a plenitude. O discípulo deverá acostumar-se com os limites do "ainda não". Esses limites estão nele e nos outros discípulos e, consequentemente, na comunidade dos discípulos; sempre vão precisar ser podados para produzir mais frutos. A imagem do trigo e do joio (cf. Mt 13,24-30) é também uma parábola da existência do discípulo. Os τέλειοι (*"perfeitos"*) estão entre os caminhantes, ou melhor, são os caminhantes. No Cristianismo só podem ser entendidos como aqueles que buscam e correm para encontrar, jamais como os que chegaram.[127] "Paulo quer dizer que ainda não recebeu o prêmio da vitória, que está em plena corrida; o prêmio terá somente na ressurreição (v. 11)."[128]

O ponto indicado por Paulo é que a ação de Cristo sempre nos precede, nossa busca é resposta ao criativo e eficaz agir de Cristo em nossa vida. O objetivo de Paulo é o definitivo alcançar a Cristo, que é escatológico.[129]

---

[126] DELLING, G. λαμβάνω. In: KITELL, R. *GLNT* (vol. VI), col. 27.

[127] Cf. 1Cor 3,1s: É provável que τέλειοι esteja em contraste com os νήπιοι, que não podiam receber alimento sólido (cf. BEARE, F. W. *A Commentary on the Epistle to the Philippians*, p. 130). No Cristianismo não se admite a distinção entre "místicos" (os que fazem a experiência de primeira mão do Mistério) e "religiosos" (os que usam a mediação da experiência de outros, como que de segunda mão).

[128] DELLING, G. τέλος. In: KITELL, R. *GLNT* (vol. XIII), col. 1074.

[129] Cf. FEE, G. *Paul's Letter to Philippians*, p. 346. Sobre a reserva escatológica o Capítulo 4 voltará a falar.

1.2.8. O dinamismo a partir do "já"

12c   διώκω[130]

12d   δὲ εἰ καὶ καταλάβω,

12e   ἐφ' ᾧ καὶ κατελήμφθην ὑπὸ Χριστοῦ ['Ιησοῦ][131]

"... eu prossigo, para que também alcance, pelo fato de que eu tenha sido alcançado por Cristo Jesus."

A oração principal abre o período com um verbo no presente: "estou perseguindo".[132] A conjunção δέ liga ao εἰ da oração condicional 12d, que, como 11a, indica uma condição que está como ponto final que atrai, condicionando o agir.[133] A oração 12e, por sua vez, é uma oração causal. A forma verbal indica uma ação sofrida pelo sujeito (agente da passiva: ὑπὸ Χριστοῦ 'Ιησοῦ *"por Cristo Jesus"*) em caráter acabado (aoristo). Em 12d e 12e é usado a mesmo verbo (καταλαμβάνω *"alcançar"*), indicando que a ação verbal almejada já foi sofrida por quem pretende realizá-la.[134]

---

[130]   OEPKE, A. διώκω. In: KITELL, R. *GLNT* (vol. II), col. 1338: "indicação de perseguição religiosa que comporta a culpa dos perseguidores". Recorre 45x no NT; Fl 3,6.12.14.

[131]   Cf. METZGER, B. M. *A Textual Commentary on the Greek New Testament*, p. 548. Sustentado por importantes testemunhas (papiro 46. 61vid. א A Ψ al), encontra sua ausência em importantes testemunhas (B D* F G 33 al). Esta falta de evidência na crítica externa levou o *Committee* a manter no texto, mas entre colchetes. A crítica interna não permite dirimir a questão, pois Paulo usa uma e outra forma.

[132]   Há ideia de agilidade, de rapidez. Cf. BAILLY, A. διώκω. In: *Dictionaire Grec Français*, p. 525.

[133]   Também aqui o εἰ indica "a expectativa que acompanha a ação". Cf. BLASS, F; DEBRUNNER, A. *Grammatica del Greco del Nuovo Testamento*, § 375,1.

[134]   Cf. DELLING, G. λαμβάνω. In: KITELL, R. *GLNT* (vol. VI), col. 33. "κατά - originalmente 'de alto a baixo', isto é completamente;

Se o que resta aos "perfeitos" é correr, onde estaria a novidade que motivaria toda a busca? Está no fato gratuito de que "tenha sido alcançado por Cristo Jesus" (12e). Este passivo com o agente da passiva explicitado dá o tom a todo o esforço. O ser humano não tem que alcançar a Deus – e como o faria? –, é Deus que o alcança. A história da humanidade se encontra acalentada neste versículo. Todo esforço do ser humano de construir pontes até o outro lado do mistério serviu como escola para dar-se conta de que, se não fôssemos visitados de alhures, nunca chegaríamos lá com nossas forças. Fomos alcançados, este é o fato extraordinário.

A expectativa futura que acompanha a ação de "correr" não é o fundamento último que impulsiona a busca, mas sim o fato de ter sido alcançado. Por isso a afirmação de que "o presente é condicionado, seja pelo passado (morte e ressurreição de Jesus Cristo), seja pelo futuro (a esperada *parousia* no fim dos tempos)",[135] requer um esclarecimento. No entendimento do texto, o ser encontrado por Cristo, o Cristo glorioso, trouxe já a totalidade do que podemos esperar. Se já não temos tudo, não é por limitação do dom, mas pela condição histórica do ser humano. Ele vai precisar de uma páscoa radical para experimentar a totalidade que já estava no passado. O futuro não é cronológico, principalmente, mas de intensidade e totalidade.

O mesmo verbo da busca é usado para indicar a precedência do dom. Não é que Cristo e o discípulo se buscam. Mas o discípulo só passou a procurar porque foi encontrado em algum

---

καταλαμβάνω é um reforçativo do verbo simples". Em italiano é utilizada a forma "*afferrare*".

[135] KREITZER, L. J. Escatologia. In: *DPL*, p. 563-564. O pensamento escatológico de Paulo não é monolítico, mas cheio de tensões, há quem admita um desenvolvimento, há quem admita mudança no modo de pensar (cf. p. 568-569). "Muitos dos temas fundamentais paulinos, tais como a ética, a cristologia e a eclesiologia, têm como base comum esta prospectiva escatológica" (p. 580-581).

momento pontual de sua história.[136] O objetivo de Paulo "não é vencer como tal; mas, sobretudo, seu foco é o correr, pois quem corre o faz para vencer".[137]

1.2.9. Deixando para trás e avançando para a frente

13a ἀδελφοί, ἐγὼ ἐμαυτὸν οὐ λογίζομαι

13b κατειληφέναι·

13c ἓν δέ,

13d τὰ μὲν ὀπίσω ἐπιλανθανόμενος

13e τοῖς δὲ ἔμπροσθεν ἐπεκτεινόμενος,

> "Irmãos, eu mesmo não julgo havê-lo alcançado; mas uma coisa: se por um lado esquecendo as coisas que ficam para trás, por outro avanço para as que estão diante."

O vocativo chama a atenção do ouvinte-leitor, dando a empatia pressuposta pelo texto na comunicação da mensagem.[138] Segue, em 13ab, um juízo já feito em 12a (οὐχ ὅτι ἤδη ἔλαβον "não que já tenha tomado posse"). O uso do pronome pessoal ἐγώ é enfático.[139] O pronome reflexivo ἐμαυτόν, que segue, é o

---

[136] Gl 1,16: "se dignou revelar *em mim* (ἐν ἐμοί) o seu Filho". Sugere quase uma compreensão encarnada do encontro com o Cristo ressuscitado (cf. Gl 2,20; 6,4). Cf. ibid., p. 578.

[137] FEE, G. *Paul's Letter to Philippians*, p. 347.

[138] BLACK, D. A. The discourse structure of Philippians: a study in textlingustics, p. 31: "O vocativo ἀδελφοί, comumente, marca uma transição temática ou de temáticas menores nas cartas paulinas (cf. 3,1.17; 4,1.8)". De regra, marca transição temática na carta (1,4.18; 2,2.17-18.28; 3,1; 4,10).

[139] Cf. BLASS, F.; DEBRUNNER, A. *Grammatica del Greco del Nuovo Testamento*, § 277,1.

objeto do verbo, dando ao leitor uma sinalização de algo a ser destacado. Está excluído que "por si mesmo" ele julgue. A forma verbal é um perfeito que, pelo contexto, reafirma a necessidade de continuar correndo para alcançar.

Na oração adversativa de 13c, o verbo "digo ou faço" está elíptico.[140] Em contrapartida com 13a, aqui pode ser julgada "uma coisa". Qual coisa? A resposta está em 13d e 13e. Essas duas orações são construídas com uma extraordinária simetria antitética: a) τὰ μὲν "as coisas de um lado" / τοῖς δέ "para as coisas de outro";[141] b) ὀπίσω "para trás" / ἔμπροσθεν "diante"[142]; c) ἐπιλανθανόμενος "esquecendo"/ ἐπεκτεινόμενος "avançando". Essas antíteses retomam a ideia de ganho e perda do início do período (v. 7-8). As coisas que ficam para trás (ὀπίσω) são os motivos para confiar na carne; o que está diante (ἔμπροσθεν), em uma palavra, é Cristo. Esses dois advérbios estão em sentido absoluto, não estão modificando nenhum outro conceito. Isso dá a eles uma grande força, marcando bem o antes e o depois. Os dois particípios no nominativo estão sendo regidos pelo verbo da principal: λογίζομαι ("julgo"). De um lado, ἐπιλανθανόμενος ("esquecendo"), o distanciamento desejado de algo que fica para trás, de outro, ἐπεκτεινόμενος ("avançando") indica o lançar-se, "como quem corre no estádio".[143]

O tom reflexivo do que aconteceu e está acontecendo é remarcado pelos verbos de ajuizamento utilizados (ἥγεομαι e λογίζομαι "considerei" e "julgo"). Trata-se de considerações experimentadas e refletidas; o que é narrado não é fruto de um voo emocional e epidérmico. Sempre será útil o critério de amadurecer as

---

[140] Cf. ZERWICK, M. *Analysis Philologica Novi Testamenti Graeci*, p. 444.

[141] Cf. BLASS, F.; DEBRUNNER, A. *Grammatica del Greco del Nuovo Testamento*, § 447,1e: "ὁ μὲν, οἱ δέ vem usado com valor adversativo".

[142] Estes lexemas podem ter ideia relacionada a tempo ou lugar (cf. BAILLY, A. ὀπίσω / ἔμπροσθεν. In: *Dictionaire Grec Français*, p. 1390/661.). No nosso texto, a ideia é claramente de tempo, as coisas que ficam no passado e as coisas que estão adiante.

[143] ZERWICK, M. *Analysis Philologica Novi Testamenti Graeci*, p. 444.

experiências antes de partilhá-las, porque pode não tê-las bem entendido. Não é à toa que, nos sinóticos, Jesus proíbe os recém-curados, ou mesmo os seus próximos, de espalhar os eventos antes de terem visto o conjunto coroado pela morte e ressurreição (cf. Mc 1,44; 9,9).

A vida do discípulo se coloca na tensão do antes e do depois. Ser encontrado implica "romper com tudo o que esta 'atrás dele' (Fl 3,7ss.13), endereçando todo o seu pensamento e todo o seu agir para a meta fixada por Deus".[144]

A ideia base do verbo καταλαμβάνω é *colocar a mão sobre algo* de modo a impedir que continue seu curso.[145] O discipulado não se dá com posses, ou soma de aquisições, mas com mudanças mentais, renovação dos juízos, para dizer diretamente, em conversão continuada. As coisas que ficam para trás não são apenas aquelas indicadas nos vv. 7-8 – as prerrogativas que agora considera refugo – , mas também o próprio caminho feito como cristão.[146]

Isso não indica voltar sempre ao ponto zero, porém a consciência de que em cada momento da vida o discípulo deverá deixar coisas para trás e lançar-se para novas. Esta foi a experiência de Abraão, do caminho do Povo de Deus; este mesmo povo errou quando quis estagnar-se no que lhe era próprio, sem se abrir ao futuro. Não é esta, afinal, a crítica de Paulo ao apego de seu povo pelos costumes dos pais em detrimento da nova liberdade em Cristo?

Esquecer o que fica para trás e lançar-se para o que está à frente é um programa de vida. A oração 13c resume a ação de "correr" nesta "uma coisa" (ἕν). Esta "uma coisa" lembra aquela

---

[144] STAUFFER, E. βραβέυω, βραβεῖον. In: KITELL, R. *GLNT* (vol. II), col. 326-327.

[145] Cf. BAILLY, A. καταλαμβάνω. In: *Dictionaire Grec Français*, p. 1038-1039.

[146] Cf. BEARE, F. W. *A Commentary on the Epistle to the Philippians*, p. 130.

apontada por Jesus como sendo o *unicum necessarium* (Lc 10,42 ἑνὸς δέ ἐστιν χρεία·).

Atenção, porém: a novidade aqui tem sempre relação com o conhecimento de Cristo, a comunhão com seus sofrimentos, a con-formação com sua morte e a experiência com a força de sua ressurreição. Afinal de contas, este processo começou seu movimento com o evento de ser alcançado por Cristo.

1.2.10. O prêmio do chamado

14a κατὰ σκοπὸν διώκω

14b εἰς τὸ βραβεῖον τῆς ἄνω κλήσεως τοῦ θεοῦ

14c ἐν Χριστῷ Ἰησοῦ.

> *"... de acordo com a meta prossigo para o prêmio da alta vocação de Deus em Cristo Jesus."*

Esta oração absoluta é cadenciada pelas três preposições: κατά *"de acordo"*, εἰς *"para"* e ἐν *"em"*: partindo de uma consideração sobre o escopo (κατὰ σκοπὸν), parte para um movimento *em direção ao prêmio* (εἰς τὸ βραβεῖον),[147] chegando a um repouso, onde está o prêmio (ἐν Χριστῷ Ἰησοῦ *"em Cristo Jesus"*). O segundo membro da oração explica do que se trata o "prêmio". O ἐν (*"em"* 14c) é locativo, não instrumental.[148] O verbo indica por si movimento (cf. 12c), estando no presente mostra seu desenrolar-se continuado.

O discernimento para prosseguir esquecendo o que fica para trás se dá em função do prêmio. Qual prêmio? Como se adquire? Onde está? O prêmio está ligado à chamada de Deus e o modo de adquiri-lo. Tem a ver com o deslocar-se sem sair de Cristo; até

---

[147] Enquanto "preço de um combate". Cf. BAILLY, A. βραβεῖον. In: *Dictionaire Grec Français*, p. 375.

[148] FEE, G. *Paul's Letter to Philippians*, p. 350.

porque o prêmio está nele, pois "aquele que foi justificado porque acreditou (Fl 3,9) continua lutando pela perfeição, correr para obter o βραβεῖον (Fl 3,12-14)",[149] porém não se está em Cristo por causa de algo, mas estar nele já é a meta. "Paulo vê o conjunto da vida cristã em termos de 'chamado de Deus'", chamado "em Cristo Jesus".[150] Esta "vocação de Deus" é o chamado que vem de Deus, "de um puro e gratuito ato de graça".[151]

Esta "corrida" supõe o envolvimento das disposições do discípulo, ou de quem quer tornar-se discípulo. Não há espaço para um *quietismo*. Não é sem motivo que ao lado da gratuidade de Deus que nos chama em Cristo temos "expressão técnica da linguagem relativa à luta introduzida por Paulo no vocabulário teológico".[152] Quando alguém é alcançado por Jesus, lhe é dada com isso uma meta que "dá sentido ao seu agir e uma destinação à sua vida", pois este prêmio justifica "o emprego de toda a vida e da concentração de todas as energias".[153]

Este breve período indica que a corrida para alcançar o prêmio já é o prêmio, porque uma e outra coisa se dá em Cristo. A comunhão com Cristo já é gozo do prêmio. "O βραβεῖον é o ponto no infinito onde se intersectam as suas paralelas divina e humana."[154]

Por outro lado, a relação com Jesus não permite ser instrumentalizada em função de algo fora dele. Qualquer intenção deverá ser adequada "segundo o escopo". Este chamado é "de Deus" e se caracteriza por ser "do alto". É do alto porque tem relação com Deus. Este chamado vem de Deus e dele recebe as

---

[149] BULTMANN, Rudolf; WEISER, A. πιστεύω, πίστις. In: KITELL, R. *GLNT* (vol. X), col. 467.

[150] FEE, G. *Paul's Letter to Philippians*, p. 349.

[151] SCHIDT, K. L. κλήσις. In: KITELL, R. *GLNT* (vol. IV), col. 1468. Cf. Rm 11,29.

[152] STAUFFER, E. βραβέυω, βραβεῖον. In: KITELL, R. *GLNT* (vol. II), col. 323. 1Cor 9,24ss: exemplo do atleta.

[153] Ibid.

[154] Ibid., col. 327.

características e modos de realização. Quando se dá este chamado? Quando se é alcançado por Cristo Jesus.

1.2.11. O modo de pensar dos τέλειοι

15a Ὅσοι οὖν τέλειοι,

15b τοῦτο φρονῶμεν·

15c καὶ[155] εἴ τι ἑτέρως φρονεῖτε,

15d καὶ τοῦτο ὁ θεὸς ὑμῖν ἀποκαλύψει·

> *"Todos, pois, que somos perfeitos, tenhamos este pensamento; e, se, porventura, pensais doutro modo, também isto Deus vos revelará."*

O período se abre com uma oração explicativa. O pronome relativo ὅσοι é sujeito da oração e, embora o verbo esteja elíptico, o fato de ser 15b a oração principal, os τέλειοι são os mesmos subtendidos no verbo φρονῶμεν; essa forma verbal é um subjuntivo exortativo. O pronome τοῦτο está no lugar do período anterior (v. 14), retomando-o.

As orações 15c e 15d compõem um período hipotético, no qual o modo verbal da prótase aguarda, na apódose, uma conclusão lógica. Notamos que a apódose (15c) tem valor concessivo. A exortação de 15b não exclui que haja pensamento *diverso* (ἑτέρως) daquele desejado, mas também a esses que tenham tal modo de pensar Deus revelará o modo próprio dos τέλειοι. O fato de a *revelação* (ἀποκαλύψει) ter como destinatários os indicados por

---

[155] Cf. BLASS, F.; DEBRUNNER, A. *Grammatica del Greco del Nuovo Testamento*, § 442,3: "a coordenação com καί pode ter diferente valor em cada caso, mesmo se conservada a tradução 'e'". Aqui o significado é adversativo (καί *adversativum*).

ὑμῖν não é que necessariamente todos pensem diferente, podendo ser um grupo dentro da totalidade.

Ademais, o que será revelado é indicado com o pronome τοῦτο (15d), o que torna patente que não se admite a continuidade no modo diverso de pensar. Como o primeiro modo de pensar expresso no v. 14 foi retomado em 15b e 15d pelo pronome τοῦτο, esta maneira outra de pensar dará lugar àquela já indicada no v. 14, pois o que Deus irá revelar não é uma alternativa, mas aquela justa maneira de pensar, de perseguir para o prêmio que está ἐν Χριστῷ Ἰησοῦ.

O que foi dito retro deverá ser o almejado pelos *"perfeitos"*. O que caracteriza os τέλειοι? São admissíveis modos diversos de pensar entre eles? E se houver um modo diverso de pensar, como proceder?

Visto que entre os τέλειοι está o narrador da experiência – Paulo –, fica excluído o entendimento dessas pessoas como já prontas, dado que ele não se considera pronto.[156] O conjunto da perícope mostra forte comunhão com Cristo sem deixar de remarcar a reserva do ainda não realizado. Até porque aos perfeitos se requer que aspirem ao que foi indicado no v. 14, a saber, prosseguir para o prêmio. Perfeito tem a ver com quem está a caminho, mas no caminho justo que se encontra "em Cristo Jesus". Admite-se o fato de que haja anseios diversos entre eles, mas isto é passível de ajuste mantendo-se em Cristo e acolhendo a revelação de Deus.

Este período, como o conjunto da carta, aponta para a unidade que deve haver no que tange a φρονεῖν. Há uma percepção básica que deve ser integrada entre os discípulos (cf. Fl 2,2: τὴν αὐτὴν ἀγάπην ἔχοντες, σύμψυχοι, τὸ ἓν φρονοῦντες *"tendo o mesmo amor, uma só alma, desejando/pensando uma só coisa"*). Quem está desajustado ao justo φρονεῖν (*"pensar"*)? A

---

[156] "Paulo, na verdade, não havia empregado τέλειος na acepção semita, e sim na acepção grega (1Cor 14,20; Fl 3,15); no entanto, não para designar a perfeição, e sim a maturidade" (BULTMANN, R. *Teologia do Novo Testamento*, p. 677).

estabilidade em Cristo e a abertura à revelação de Deus indicarão. Como se daria esta revelação de Deus? O texto não responde, mas dá indícios. A mudança indicada pela revisão do que era ganho para Paulo se deu à luz do conhecimento de Cristo Jesus. Portanto, esta revelação terá a ver com a intensidade da *scientia Christi*, cujo lugar natural é na comunhão com outros discípulos. Afinal de contas, o que Deus irá revelar não é uma alternativa, mas aquela justa maneira de pensar, de perseguir para o prêmio que está ἐν Χριστῷ Ἰησοῦ (*"em Cristo Jesus"* v. 14c).

1.2.12. *Continuar a partir de onde chegou*

16a   πλὴν[157] εἰς ὃ ἐφθάσαμεν,

16b   τῷ αὐτῷ στοιχεῖν.

"Em todo caso, aonde chegamos, nisto seguir."

Este período conclusivo da perícope é construído com grande maestria. As duas formas verbais dão a ideia de um caminho feito (εἰς ὃ ἐφθάσαμεν *"aonde chegamos"*) que deve ser continuado (στοιχεῖν). O sintagma εἰς ὃ indica um ponto de chegada, fruto de um movimento dinâmico indicado pela preposição εἰς. O ouvinte-leitor é sempre confrontado com os verbos na primeira pessoa plural. O fato ocorreu também em 3a ("nós *somos* a circuncisão") e 15b ("*tenhamos* este pensamento").

A conclusão da perícope retoma o que de diversos modos foi dito: este caminho é dinâmico. O τῷ αὐτῷ (*"nisto"*) de 16b retoma imediatamente a frase anterior, mas não repugna referir este dativo àquele de 9a (ἐν αὐτῷ *"nele"*), referindo-se a Cristo.

---

[157]   BLASS, F.; DEBRUNNER, A. *Grammatica del Greco del Nuovo Testamento*, § 449,2 "Em Paulo tem o significado de 'somente', 'em todo caso', usado para concluir uma discussão e para colocar em relevo o que é essencial" (cf. Fl 1,18; 4,14; 1Cor 11,11; Ef 5,33).

Afinal, nele está o prêmio, e o objetivo é ser encontrado nele e é nele que se deve perfilar e a ele se conformar.[158]

1.3. Função comunicativa do texto[159]

É sempre difícil dar nome a uma experiência. Há mesmo experiências impossíveis de serem contidas nos recursos linguísticos disponíveis. Porém a necessidade de comunicá-la aos outros o exige. Se esta experiência for algo novo, deverá encontrar conceitos novos para traduzi-la. Eis o que fez Paulo; ele traduziu um texto, que, proclamado e escutado na comunidade de fé, é agora a única testemunha que temos. Um texto bem arranjado, com palavras que são acolhidas, lidas e escutadas sempre a partir de um lugar. Aqui este texto fora lido e escutado a partir do conjunto das Escrituras, da fé formada e vivida na grande Tradição da Igreja.

O texto pretende orientar o ouvinte-leitor; ele suscita algo novo em quem entra em contato com ele, até porque "a carta, no seu conjunto, foi ditada na perspectiva de ser lida em voz alta na assembleia".[160] O texto tem exigências para que sua leitura seja plena: a simpatia e a abertura para reprogramar a partir das exigências do texto. Paulo faz nesta perícope a comunicação de sua

---

[158] Cf. BAILLY, A. στοιχέω. In: *Dictionaire Grec Français*, p. 1795.

[159] Entende-se por função comunicativa a relação existente entre "enunciados" e "ações executadas" (BROWN, G.; YULE, G. *Analisi del discorso*. Bologna: Il Mulino, 1986. p. 289). Sendo o texto grávido dessas ações, onde "a comunicação é mais um fazer-crer e um fazer-fazer com um fazer-saber" (GREIMAS, A. J.; COURTÉS, J. *Dicionário de semiótica*. São Paulo: Editora Contexto, 2008. p. 83), sem com isso renunciar à dimensão cognitiva, mas colhendo nela aquele aspecto pragmático "tal como é concebido pela semiótica em que o destinador e o destinatário, por exemplo, não são instâncias vazias [...], mas sujeitos competentes" (Id., p. 379-380), onde o falar do texto é "falar para ser acreditado" (ibid. p. 83), sendo eficaz sobre o leitor-ouvinte.

[160] FEE, G. *Paul's Letter to Philippians*, p. 286. Cf. nota n. 9.

experiência de nascimento para o discipulado, "ele trata questões importantes e quer conseguir resultados e respostas certas".[161]

A função comunicativa está presente em todas as dimensões do texto: na morfologia, na sintaxe e na semântica. Por isso ao longo da exposição foram sendo pontuadas as chamadas feitas ao ouvinte-leitor. Nesta altura da exposição podem ser recolhidas, de modo pontual, quatro orientações/desorientações do texto estudado:

1. *Função polêmica.* Há um caminho que é desaconselhado. Esse caminho já foi percorrido por Paulo: de confiança na carne. Após a abertura da perícope que cria vínculo (v. 1aα ἀδελφοί μου "*meus irmãos*") e enternece o ouvinte-leitor pelo convite a alegrar-se (1aβ χαίρετε ἐν κυρίῳ "*alegrai--vos no Senhor*"), o texto passa a pintar a face dos adversários, quem são eles e a manutenção da guarda sempre alta que deverá ser tida com eles (v. 2 βλέπετε "*cuidado!*"). Nas motivações para confiar na carne é subliminarmente indicado o pretenso porto seguro daqueles aos quais se deve estar atento. Por outro lado, este fundo serve para falar do positivo, do caminho indicado pelo texto como o adequado. A comunicação com o ouvinte-leitor foi viabilizada pelo contraste das experiências.

2. *Função testemunhal.* O texto *testemunha* a mudança de Paulo e seu modo novo de julgar as coisas. O contraste entre ἐν σαρκί ("*na carne*" v. 3) e ἐν αὐτῷ = ἐν Χριστῷ Ἰησοῦ ("*nele = em Cristo Jesus*" v. 9) serve à intenção de influenciar o ouvinte-leitor. O texto mostra que Paulo viveu ambos. O primeiro é julgado de modo muito depreciativo (v. 8 σκύβαλα "*refugo*") devido à excelência do segundo. A abundância de motivos catalogados por Paulo

---

[161] JAQUES, Mary V.; WALTER, Kelly. Pauline Adaptation of Epistolary Conventions in Philippians 3:2-4:1. In: *Directions in New Testament Methods*, editado por Martin Albl, Paul Eddy, Renée Mirkes, OSF. Milwaukee: Marquette University, 1993. p. 83.

(vv. 5-6) – sete – desautoriza qualquer pretensão de escolher o primeiro caminho, aquele "na carne", pensando poder suplantá-lo e assim ter uma alternativa bem-sucedida. O texto desautoriza amplamente aquele caminho e com profusão de argumentos apresenta o envolvimento de Paulo com os mistérios de Cristo (sofrimentos, morte e ressurreição).

3. *Função hiperbólica.* Se a função comunicativa do texto serve para orientar o ouvinte-leitor, pode-se dizer que aqui (vv. 7-8) ele é desorientado. A passagem do que é ganho para tornar-se perda sintetiza toda a mudança que acontece na vida de quem passa a ser discípulo. Entre a "perda" e o "ganho" há juízo de valor (ἥγημαι *"considerei"*) motivado (διὰ τὸν Χριστόν *"por causa de Cristo"*). O texto é construído para suscitar impactos. As antíteses pouco suavizadas mostram que a mudança não se dá por remendo novo em roupa velha, mas por uma roupa nova. Cristo se torna o critério para julgar o que é ganho e o que é perda.

4. *Função teológica.* Não menos eloquente, embora mais elaborada, é a indicação do futuro que se pode esperar do caminho dos adversários (v. 2 κατατομή *"mutilação"*) que confiam na carne e o futuro aberto para quem foi alcançado por Cristo e se dispõe a determinar a própria existência pelo conhecimento dele. Nas motivações para confiar na carne são elencadas prerrogativas que distinguem dos outros, sem com isso estabelecer uma relação adequada com Deus; não havendo *justiça a partir de Deus* (v. 9 ἐκ θεοῦ δικαιοσύνην), mas tudo recebido por herança ou construído com escolhas autocentradas (v. 9 ἐμὴν δικαιοσύνην τὴν ἐκ νόμου *"a própria justiça que vem da Lei"*). A alternativa é entrar no dinamismo proposto por Jesus Cristo, pelos seus sofrimentos, morte e ressurreição, recebendo uma justiça que vem de Deus apoiada na fé (v. 9ef). Nesse o futuro é esperado já tendo sido tocado por ele e dele

alimentar o dinamismo de uma vida que é corrida para o prêmio que está em Cristo, o mesmo com o qual já se está em comunhão.

Concluída a análise da perícope paulina, cabe agora analisar a perícope joanina (Jo 15,1-8), que permitirá colher os elementos que, juntamente com Paulo, testemunham os constitutivos essenciais do discípulo. Fl 3,1-16 é uma parte de uma carta; no capítulo seguinte será uma unidade tirada de um Evangelho, uma história querigmatizada.

2

EXEGESE DE Jo 15,1-8

2.1. O texto e contexto[1]

A perícope em estudo se encontra na segunda parte do Evangelho que começa com o capítulo 13, "o livro da glória" (caps. 13-21).[2] O contexto literário é de um testamento em um discurso de despedida. Jo 15,1-8 é uma pausa reflexiva para falar de algo fundamental para a comunidade que se encontra no mundo: "permanecei em mim".

O EvJo possui características peculiares. Embora arrolado no gênero evangelho, muito difere dos sinóticos. As questões que envolvem são bem mais complexas: autoria, suas fontes, sua unidade; as soluções, portanto, também são complexas.[3] De qualquer modo, essas questões indicadas – acrescentando a própria relação

---

[1] Serão utilizados neste capítulo os mesmos exercícios técnico-literários de análise aplicados no texto de Paulo (Fl 3,1-16).

[2] BROWN, R. E. *The Gospel according to John*. New York: Doubleday & Company, 1970. Vol. I and II. A denominação de "livro dos sinais" e "livro da glória" utilizada no comentário de Brown se tornou clássica. Cf. KÖNINGS, J. *Evangelho Segundo João*, p. 250.

[3] SCHNACKENBURG, R. *El Evangelio según San Juan*, vol. I, p. 43: "não é previsível uma solução da questão joanina, um acordo sobre as numerosas questões particulares que nela concorrem de maneira complexa". De qualquer modo, hoje se enfatiza mais a unidade, coloca-se em cheque a hipótese da fonte gnóstica defendida por Bultmann. Mesmo se, a partir de fontes, o autor "assumiu (material anterior) com soberano domínio para sua exposição do Evangelho" (id., p. 92).

com os sinóticos – não receberam significativas novidades nos últimos anos, tendo muitas propostas de estruturas.[4] O presuposto desta pesquisa é o texto canônico. Os dados do contexto literário serão devidamente indicados na delimitação da perícope.

2.1.1. Segmentação e tradução de Jo 15,1-8

O objetivo do estudo exegético é narrar o texto a partir de dentro, de modo a obter uma compreensão em um modo mais profundo, levando em conta fatores que não se pode tê-los todos presentes em uma primeira vista. Esta narração está em função de que a comunidade de fé, à qual tais textos foram destinados, possa, sempre de modo novo, escutar a Palavra fundadora por meio das palavras tecidas no texto.

15,1 Ἐγώ εἰμι ἡ ἄμπελος ἡ ἀληθινὴ	1a	Eu sou a videira verdadeira
καὶ ὁ πατήρ μου ὁ γεωργός ἐστιν.	1b	E o meu pai é o agricultor
² πᾶν κλῆμα ἐν ἐμοὶ μὴ φέρον καρπὸν	2a	Todo ramo que em mim não produz fruto
αἴρει αὐτό,	2b	Ele o retira,
καὶ πᾶν τὸ καρπὸν φέρον	2c	E todo que produz fruto
καθαίρει αὐτὸ	2d	Ele o limpa
ἵνα καρπὸν πλείονα φέρῃ.	2e	A fim de que produza mais fruto.
³ ἤδη ὑμεῖς καθαροί ἐστε	3a	Vós já estais limpos
διὰ τὸν λόγον	3b	por causa da palavra
ὃν λελάληκα ὑμῖν·	3c	que vos falei
⁴ μείνατε ἐν ἐμοί,	4a	Permanecei em mim
κἀγὼ ἐν ὑμῖν.	4b	e eu em vós.
καθὼς τὸ κλῆμα οὐ δύναται καρπὸν φέρειν ἀφ' ἑαυτοῦ	4c	Como o ramo não pode produzir fruto por si mesmo

---

[4] Cf. LÉON-DUFFOUR, X. Où en est la recherche johannique?. In: *Origine et postérité de l'évangile de Jean. XIII Congrès de l'ACFEB Toulouse.* Paris: Cerf, 1990. p. 37.

ἐὰν μὴ μένῃ ἐν τῇ ἀμπέλῳ,	4d	caso não permaneça na videira,
οὕτως οὐδὲ ὑμεῖς	4e	Assim nem vós,
ἐὰν μὴ ἐν ἐμοὶ μένητε.	4f	caso não permaneçais em mim.
5 ἐγώ εἰμι ἡ ἄμπελος,	5a	Eu sou a videira,
ὑμεῖς τὰ κλήματα.	5b	vós os ramos.
ὁ μένων ἐν ἐμοὶ	5c	Aquele que permanece em mim
κἀγὼ ἐν αὐτῷ	5d	e eu nele,
οὗτος φέρει καρπὸν πολύν,	5e	este produz muito fruto,
ὅτι χωρὶς ἐμοῦ οὐ δύνασθε ποιεῖν οὐδέν.	5f	Pois sem mim não podeis fazer nada.
6 ἐὰν μή τις μένῃ ἐν ἐμοί,	6a	Caso alguém não permaneça em mim
ἐβλήθη ἔξω	6b	É jogado fora
ὡς τὸ κλῆμα	6c	como o ramo
καὶ ἐξηράνθη	6d	E é secado
καὶ συνάγουσιν αὐτὰ	6e	E os juntam
καὶ εἰς τὸ πῦρ βάλλουσιν	6f	E para o fogo jogam
καὶ καίεται.	6g	E é queimado.
7 ἐὰν μείνητε ἐν ἐμοὶ	7a	Caso permaneçais em mim
καὶ τὰ ῥήματά μου ἐν ὑμῖν μείνῃ,	7b	E as minhas palavras permaneçam em vós
ὃ ἐὰν θέλητε	7c	O que quiserdes
αἰτήσασθε,	7d	Pedi,
καὶ γενήσεται ὑμῖν.	7e	E acontecerá para vós
8 ἐν τούτῳ ἐδοξάσθη ὁ πατήρ μου,	8a	Nisto é glorificado o meu Pai
ἵνα καρπὸν πολὺν φέρητε	8b	Que produzais muito fruto
καὶ γένησθε ἐμοὶ μαθηταί.	8c	E torneis meus discípulos

EXEGESE DE JO 15,1-8

2.1.2. Delimitação da perícope

Com temática e vocabulário próprios, a perícope da videira (Jo 15,1-8) se encontra no contexto da revelação de Jesus perante a comunidade dos discípulos (cap. 13-17). Nosso texto é precedido pelo lava-pés (13,1-20), o anúncio e identificação do traidor (13,21-30) e, finalmente, pelo grande discurso centrado na partida de Jesus para o Pai, com o dom do mandamento novo e a promessa do Paráclito (13,31–14,31).

Esta perícope se coloca em um lugar estratégico. No texto, Jesus acaba de falar de sua volta para o Pai; antes é necessário que os seus saibam o que é essencial, o que os faz ser discípulos e como nasceram para o discipulado. Desse modo poderão sustentar-se diante do ódio do mundo (15,18–16,4a).

A perícope da videira é uma subdivisão de 15,1-17 ou mesmo de 15,1–16,4a. Sobre a delimitação da perícope são feitas as mais variadas propostas; enquanto sobre o início não há opiniões discordantes, sobre o fim são quase tão numerosas as propostas quantos os versículos que compõem este intervalo.[5]

---

[5] Blank chama a unidade 15,1–16,33 de "segundo discurso de despedida". "Aparece a comunidade como tal em um primeiro plano muito mais destacado; aqui se formula explicitamente a temática eclesiológica" (BLANK, *O Evangelho segundo São João*, p. 139). Bultmann delimita 15,1-8: *meinate en emoi*; 15,9-17: *meinate en ágape* (cf. BULTMANN, R. *Das Evangelium des Johannes*, p. 406-415). Eis uma outra proposta: 15,1-6: *La vigne et les sarments*; 15,7-17: *La condition du disciple parfait*. Ele sugere, ademais, a composição de Jo 15,1-6, sendo 1-2 e 5-6 "*logia joahanniques*" que João II-B teria reutilizado e elaborado a composição de 1-6. Brown sugere que a unidade 15,1-17 pode ser subdividida em 1-6: "figura da videira e dos ramos" e 7-17: "explanação da figura no contexto do tema Discurso final" (cf. BOISMARD, M.-É.; LAMOVILLE, A. *L'Évangile de Jean*, p. 367. Cf. também: BROWN, R. E. *The Gospel according to John*, p. 665). Schnackenburg individua a grande unidade 15,1–16,4, que teria por sua vez o bloco 15,1-17, cuja subdivisão seria 1-11 e 12-17 (cf. SCHNACKENBURG, R. *El Evangelio según San Juan*, p. 129). Mazzarollo considera 15,1-10: "unidade como condição para produzir fruto", que ele chama de "parábola da videira" (cf. MAZZAROLO, I. *Nem aqui, nem em Jerusalém*, p. 176).

Vendo o texto sobre a perspectiva da "gênese do discípulo", que é um ramo que produz frutos para a glorificação do Pai, no v. 8 há um repouso do andamento do *mashal* joanino.[6] Sendo um *mashal*, seu objetivo é "o de avivar a percepção daquilo que é real em contraste com aquilo que se deseja [...], de forçar o ouvinte ou o leitor a fazer um juízo de si mesmo, de sua situação ou de

---

[6] Cf. BROWN, R. E. *The Gospel according to John*, p. 668. No gênero משל estão contidas todas as comparações, parábolas e aplicações alegóricas. Nesta perícope é claro o caráter alegórico de alguns elementos: videira, agricultor, ramos; mas nem todos! Cf. BULTMANN, R. *Das Evangelium des Johannes*, p. 406-407; para este autor não é nem parábola nem alegoria, mas se trata de revelação. No mesmo veio de reflexão de Bultmann, e em dependência dele, está Eduard Schweizer, que afirma que a afirmação "eu sou", de 15,1, é "qualificação normal na categoria de linguagem direta e definida, a qual define tudo mais além de Jesus em segundo lugar. Toda videira que conhecemos sobre a terra não é videira real, mas somente em comparação com Jesus" (SCHWEIZER, E. What about the Johannine "Parables"? In: CULPEPPER, R. A.; BLACK, C. C. *Exploring the Gospel of John*, p. 209). Para alargar a compreensão, atentemos a autores que refletem sobre o fenômeno da linguagem. Ricoeur diz que "a metáfora é mais do que uma figura de estilo, mas contém uma *inovação semântica*; que a metáfora inclui uma dimensão denotativa ou referencial, a saber, o poder de *redefinir a realidade*" (RICOEUR, P. *A hermenêutica bíblica*, p. 168). "A metáfora aparece como uma resposta a certa inconsistência do enunciado interpretado literalmente. Podemos chamar essa inconsistência de 'impertinência semântica'" (p. 170). É um erro "identificar o *mashal* da literatura hebraica com a *parabolé* da retórica grega [...]. O *mashal* hebraico liga diretamente a significação do que é dito com a disposição correspondente na esfera da existência humana" (p. 181). Umberto Eco, por sua vez, afirma que, "para interpretar metaforicamente um enunciado, o destinatário deve reconhecer sua absurdidade se ele fosse entendido em sentido literal, teríamos um caso de anomalia semântica..."; diz também que "é típico das alegorias suportar uma leitura literal" (ECO, U. *Os limites da interpretação*, p. 115). Essas perspectivas de Ricoeur e Eco esclarecem o caráter metafórico da perícope da videira e o encaminhamento de entendimento dela. Portanto, acolhendo a justa observação de Bultmann e Schweizer, optamos por nos referir ao texto como *mashal*, como proposto por Brown, levando em conta as reflexões de Ricoeur e Eco sobre a metáfora.

sua conduta";[7] nesse sentido o que se entende aqui por *mashal* está bem sintonizado com o que é entendido por Léon-Dufour por "símbolo" que "não se deve identificar com a alegoria, pois no símbolo a realidade é anterior à ideia", enquanto "a alegoria expressa uma ideia em forma de imagem".[8]

A perícope seguinte inicia tratando do amor de Jesus com o Pai como lugar e modelo do amor dos discípulos entre si. Cessa a linguagem metafórica: videira, agricultor, ramos, frutos. A linguagem de Jo 15,9-10 é dirigida à realidade; funciona como "ponte entre 15,1-8 e 15,11-17".[9] A linguagem é agora de amar, permanecer no amor, guardar os mandamentos. O fim da perícope da videira no v. 8 se dá com o repouso suave e conclusivo do raciocínio; as imagens agrícolas indicadas são decifradas e cumprem plenamente seu ciclo quando o resultado desejado é alcançado: a videira, que tem os ramos produtivos, corresponde a Jesus com "os seus" que se tornaram discípulos e assim glorificam o Pai; o agricultor que se satisfaz com a colheita dos frutos é o Pai que é glorificado com o "permanecer" e as atitudes dos discípulos de seu Filho; os ramos não correm o risco de ser cortados, pois permanecendo em Jesus produzem frutos abundantes, tornam-se discípulos e nas suas atitudes glorificam o Pai.

Ademais, há marcas textuais que indicam a mudança do assunto.

a) *Vocabulário:* A perícope 15,1-8 está construída sobre as imagens agrícolas ligadas ao cultivo da vinha: videira, agricultor, ramos, poda, corte, frutos. Este vocabulário cessa no v. 9, onde aparecem novos conceitos.[10] O foco da pe-

---

[7] HAMILTON, V. P. *Mashal.* In: HARRIS, R. L; ARCHER JR., G. L; WALTKE, B. K. (ed.). *Dicionário Internacional de Teologia do Antigo Testamento.* São Paulo: Vida Nova, 1998. p. 890.

[8] LÉON-DUFOUR, X. *Diccionario Del Nuevo Testamento.* Bilbao: Desclée De Brouwer, 2002. p. 543-544, 117.

[9] BLANK, J. *El Evangelio según San Juan,* p. 146.

[10] Em 15,16 reaparece a exortação a produzir frutos: καρπὸν φέρητε καὶ ὁ καρπὸς ὑμῶν μένῃ.

rícope seguinte (15,9-17) é o mandamento do amor recíproco, caracterizada pela raiz ἀγάπ, verbos e substantivos: um total de cinco vezes as formas verbais e quatro vezes o substantivo. Nota-se a presença de elementos novos.

b) *Quanto à organização do texto:* Há uma clara inclusão de elementos que molduram a perícope (ὁ πατήρ μου *"meu Pai"* v. 1a e v. 8a). O texto mostra também uma correspondência interna do assunto tratado, como será demonstrado abaixo, não exigindo nenhum dos versículos que seguem para sua compreensão, demonstrando ser uma unidade comunicativa estruturada e harmônica.

c) *Quanto à sintaxe:* Nosso texto possui uma concentração de períodos hipotéticos: 4d, 4f, 6a,7a. A prótase possui a mesma estrutura comunicativa:

4d: prótase: ἐὰν μὴ μένῃ ἐν τῇ ἀμπέλῳ. *"caso não permaneça na videira"*

4f: prótase: ἐὰν μὴ ἐν ἐμοὶ μένητε. *"caso não pemaneçais em mim"*

6a: prótase: ἐὰν μή τις μένῃ ἐν ἐμοί. *"caso não permaneça em mim"*

7a: prótase: ἐὰν μείνητε ἐν ἐμοὶ. *"caso não permaçais em mim"*

A única condição colocada é permanecer *"ἐν ἐμοί"* (*"em mim"* ou *"ἐν τῇ ἀμπέλῳ"* *"na videira"*). A perícope seguinte está intimamente ligada a esta, mas já é outro o seu horizonte, onde são necessários passos ulteriores, como "permanecer no amor", "guardar os mandamentos", amar-se reciprocamente. Na perícope da videira, o tom de relação direta com Jesus se dá pelas seis recorrências de ἐν ἐμοί, sendo que cinco destas acompanhadas do verbo μένω formando um sintagma que reforça ainda mais a ideia relacional. No v. 9 ainda encontramos o sintagma "permanecer em", mas já não se trata mais de permanecer em Jesus (ἐν ἐμοί *"em mim"*), mas no seu amor. Ademais, nesta perícope a construção dos períodos hipotéticos mostra outro foco teológico, com tom voltado para a práxis do discípulo e não para sua gênese como tal.

10a: ἐὰν τὰς ἐντολάς μου τηρήσητε, μενεῖτε ἐν τῇ ἀγάπῃ μου (*"se guardardes os meus mandamentos, permanecereis no meu amor"*).

14b: ἐὰν ποιῆτε ἃ ἐγὼ ἐντέλλομαι ὑμῖν (*"se fizerdes o que vos ordeno..."*).

Em 12b e 17b aparece o pronome reflexivo ἀλλήλους (*"uns aos outros"*), indicando já o vínculo dos discípulos entre si (ἀγαπᾶ τε ἀλλήλους *"amai uns aos outros"*). Este também é um passo que se depreende do vínculo primário com Jesus.

2.1.3. Organização literária

A tessitura do texto mostra que foi meticulosamente pensada pelo autor. Os detalhes destacados, as referências internas na perícope e no conjunto do livro mostram a genialidade de quem o compôs. Resta, então, analisar os contatos dentro da perícope.

A unidade dos vv. 1-8 está bem definida e amarrada. Basta ver que não há saltos de um versículo para o seguinte. O sujeito do v. 2 (αἴρει e καθαίρει *"cortar"* e *"limpar"*) é o Pai do v. 1. O v. 3 é uma explicação da ação de 2d. Os agentes do v. 4 são os mesmos do v. 3: Jesus e os discípulos (v. 3 ὑμεῖς *"vós"*, λελάληκα *"falei"*, ὑμῖν *"a vós"*; v. 4 μείνατε *"permanecei"*, ἐν ἐμοί, κἀγὼ, ἐν ὑμῖν *"em mim"*, ὑμεῖς *"vós"*, ἐν ἐμοὶ *"em mim"*, μένητε *"permanecei"*.). O v. 4 e o v. 5 mantêm a relação de Jesus e os discípulos; inicialmente com a metáfora, que chega ao máximo na identificação dos discípulos com os ramos e segue a aplicação real da metáfora. Os dois versículos centrais apresentam inclusões que ligam a metáfora do ramo à realidade dos discípulos: 4c τὸ κλῆμα οὐ δύναται ("*o ramo não pode*") / 5f οὐ δύνασθε ("*não podeis*"); 4c ἀφ' ἑαυτοῦ ("*por si mesmo*") /5e χωρὶς ἐμοῦ ("*sem mim*"). O v. 6a retoma a afirmação de 5e: χωρὶς ἐμοῦ οὐ δύνασθε ποιεῖν οὐδέν ("*sem mim, nada podeis fazer*"); é retomado como ἐὰν μή τις μένῃ ἐν ἐμοι ("*caso alguém não permaneça em mim*"). O v. 7 começa com ἐὰν μείνητε ἐν ἐμοί ("*caso permaneçais em mim*") e infere o positivo a partir desta condição contrária de 6a. O v. 7 se liga ao v. 8 pelo tom positivo em torno dos discípulos: porque permanecem em Jesus, seus pedidos são atendidos, produzem frutos ao tornarem-se discípulos. Ademais, é de se admitir que o ἐν τούτῳ "*nisto*" do v. 8 gera uma quebra, justamente estabelecendo a função de sintagma que retoma o conjunto da perícope e a conclui. Esse mesmo fato ocorre em 1Jo 3,10 que conclui a perícope 2,29–3,10.[11]

A perícope é composta de duas frases de autorrevelação: Ἐγώ εἰμι ἡ ἄμπελος ἡ ἀληθινὴ ("*eu sou a videira verdadeira*" 1a) e ἐγώ εἰμι ἡ ἄμπελος ("*eu sou a videira*" 5a). Há uma clara indicação: 5a está no centro da perícope (quinze frases antes e dezesseis depois!).

O *mashal* da videira possui um movimento muito próximo da perícope do "bom pastor" (Jo 10,11-18). Nela também é repetida a fórmula de revelação em dois lugares estratégicos da perícope: Ἐγώ εἰμι ὁ ποιμὴν ὁ καλός ("*eu sou o bom pastor*" v. 11a e v. 14a). O pastor é denominado ὁ καλός, como a videira é dita ἡ ἀληθινή. Esta estratégia funciona como um empuxo no ouvido de quem escuta a proclamação. Há uma chamada de atenção.

O v. 1 forma com o v. 8 uma inclusão, sobretudo na referência que foi feita anteriormente ao v. 5. No v. 1 encontra-se a autorrevelação de Jesus e a identificação do Pai (β α). No v. 5 novamente a autorrevelação de Jesus e a identificação dos discípulos (β γ); no v. 8 encontramos os três: α β γ. A sequência das letras dá a prioridade ao Pai, como a própria perícope o faz, onde tudo se encaminha para a glorificação dele.

---

[11] Cf. GIURISATO, G. Struttura e messaggio di Gv 15,1-8, p. 702.

v. 1ab: β ἐγώ εἰμί *"eu sou"*   α ὁ πατήρ μου. *"o meu Pai"*

v. 5ab: β ἐγώ εἰμί *"eu sou"*   γ ὑμεῖς *"vós""*

v. 8abc: α ὁ πατήρ μου, *"meu Pai"* β ἐμοὶ γ μαθηταί. *"discípulos"*

O v. 2 está estreitamente unido ao v. 6. O anúncio de que πᾶν κλῆμα ἐν ἐμοὶ μὴ φέρον καρπὸν αἴρει αὐτό (*"todo ramo que em mim não produz fruto, ele o corta"*), é plasticamente demonstrado no v. 6 com a sequência dos cinco verbos que funcionam como uma explicação do αἴρει. Esta relação serve para esclarecer que a frase final 2e ἵνα καρπὸν πλείονα φέρῃ (*"a fim de que produza mais fruto"*), não está ligada a este primeiro período, mas somente ao seguinte (2cd). Não está correto afirmar que, assim como o corte de alguns galhos é benéfico para a videira, seria necessário fazê-lo também em nível real. Não estamos diante de uma alegoria pura e simples. Há limites nas metáforas, e este é um deles. Por isso esta pesquisa, acompanhando Brown, prefere o gênero literário mais abrangente do לשׁמ (*mashal*) hebraico,[12] como vimos anteriormente.

O v. 3 contém alguns elementos que o ligam ao v.7. Antes de tudo, o tom positivo, bem diferente do que os precedentes. A ponte entre eles está na "palavra" dita por Jesus (τὸν λόγον ὃ ν λελάληκα ὑμῖν *"a palavra que vos falei"*) e na palavra de Jesus acolhida pelos discípulos e tornada própria (τὰ ῥήματά μου ἐν ὑμῖν *"as minhas palavras em vós"*). O v. 3 é uma explicação do enunciado metafórico de 2d, no nível real de como se torna "limpo". Enquanto o v. 6 foi generoso no uso de verbos metafóricos para descrever a retirada do ramo, o v. 7, por sua vez, usa exclusivamente a linguagem real. Toda a força do pedido vem da "imanência recíproca": os discípulos em Jesus e *as palavras* (τὰ ῥήματά) de Jesus nos discípulos.

---

[12] RICOEUR, P. *A hermenêutica bíblica*, p. 181: "O *mashal* hebraico liga diretamente a significação do que é dito com a disposição correspondente na esfera da existência humana".

O v. 4 é uma preparação próxima para a afirmação de 5ab. Em 4cd há um período hipotético que expressa em linguagem metafórica a indispensável ligação do ramo com a videira. Em seguida passa, então, em 4ef à linguagem real e direta para a necessidade de os discípulos permanecerem em Jesus. Logo em seguida vem em 5ab a revelação de Jesus e a identificação dos discípulos com os ramos. O que é dito em metáfora em 4c, quando afirma que τὸ κλῆμα οὐ δύναται καρπὸν φέρειν ἀφ᾽ ἑαυτοῦ ("*o ramo não pode produzir fruto por si mesmo*") é reforçado em 5f χωρὶς ἐμοῦ οὐ δύνασθε ποιεῖν οὐδέν ("*sem mim não podeis fazer nada*").

Há uma tríplice repetição da fórmula da imanência recíproca[13] (4ab, 5cd, 7ab) que fere o ouvido na proclamação e dá o tom teológico da perícope:

4ab: μείνατε ἐν ἐμοί, κἀγὼ ἐν ὑμῖν. "*Permanecei em mim e eu em vós*".

5cd: ὁ μένων ἐν ἐμοὶ κἀγὼ ἐν αὐτω. "*Aquele que permanece em mim e eu nele*".

7ab: ἐὰν μείνητε ἐν ἐμοὶ καὶ τὰ ῥήματά μου ἐν ὑμῖν μείνη. "*Caso pemaneçais em mim e as minhas palavras pemaneçam em vós*".

2.1.4. *Contexto literário-teológico do mashal da videira*

A compreensão do *mashal* da videira dependerá muito do pressuposto das fontes do EvJo. Entre a arrojada e novidadeira solução dada na relação com escritos exotéricos e gnósticos e a dependência do AT, hoje a balança pende consideravelmente para a fonte veterotestamentária.[14] O emprego da metáfora de

---

[13] BOISMARD, M.-É.; LAMOVILLE, A. *L'Évangile de Jean*, p. 338.

[14] BLANK, J. *El Evangelio según San Juan*, p. 140-141: "O emprego da metáfora de Jo 15,1ss pode derivar-se claramente do AT, na medida em que não está condicionada pelo uso peculiar de Jo". Ou seja, não foi João que criou a imagem, muito embora haja inconfundíveis toques joaninos:

Jo 15,1-8 pode derivar claramente do AT na medida em que não está condicionada pelo uso peculiar do EvJo.[15] Se for assim, como parece bastante plausível, esta perícope é de fácil compreensão para o ouvinte-leitor que tem presente a si os textos do AT sobre a vinha e a videira.

A concentração da imagem está nos profetas. O canto de Is 5,1-7 diz que "a vinha[16] do Senhor dos Exércitos é a casa de Israel" (v. 7), a qual "ele esperava que desse uvas boas, mas deu uvas bravas". O juízo sobre a vinha será a retirada da sebe, do muro, para que se torne deserta (vv. 5-6). Encontra-se aqui indicada a pertença da vinha ao Senhor, sua expectativa pelas boas uvas e o juízo, porque em vez das boas uvas foram encontradas uvas bravas. Não se fala aqui da improdutividade da vinha, mas da natureza ruim dos seus frutos.

"verdadeira"; "limpos por causa da palavra"; "o ramo por si mesmo não pode produzir fruto". "As palavras 'Eu sou a videira verdadeira' devem ser entendidas, antes de tudo, como discurso de revelação cristológica." "Para a inteligência do texto é fundamental o problema da significação da metáfora 'videira'. De qual tradição é e o que João quis expressar com esta metáfora?" É forte a tradição veterotestamentária: Is 5,1-7; Jr 2,21; Ez 15,1-8; 19,10-14; Sl 80,9-15. Outra tradição que pode estar a cavalo entre o emprego metafórico do AT e o uso figurado de João é a parábola dos maus vinhateiros de Mc 12,1-12. Ali Jesus não se identifica com a videira, mas já há o tom cristológico. Isso não exclui que fosse bastante presente em todo o Oriente a alegoria da vinha (cf. BEHM, J. ἄμπελος. In: KITTEL, R. (ed.). *GLNT* [vol. I], col. 927-928). Bultmann, por outro lado, defende a ideia de que a "videira" aqui deve referir-se ao mito da árvore da vida, tendo como apoio os textos mandeus. Cf. BULTMANN, R. *Das Evangelium des Johannes*, p. 407.

[15] Cf. SCHNACKENBURG, R. *El Evangelio según San Juan*, p. 152: "Muitas ideias e imagens do AT, na maioria das vezes em forma ulteriormente meditada e teologicamente desenvolvida, confluíram no Evangelho de João e foram colocadas a serviço da teologia joanina; sem o fundamento e apoio do AT é incompreensível este evangelho". Se Bultmann havia feito pesar a balança do lado do gnosticismo, com Dodd e Barrett a balança pesa do lado do judeo-palestino e judeo-helenista.

[16] *TM*: כֶּרֶם; *LXX*: ἀμπελών.

98   A GÊNESE DO DISCÍPULO

O texto de Jr 2,21, na versão dos *LXX*, demonstra vários contatos com nosso texto: ἐγὼ δὲ ἐφύτευσά σε ἄμπελον[17] καρποφόρον πᾶσαν ἀληθινήν πῶς ἐστράφης εἰς πικρίαν ἡ ἄμπελος ἡ ἀλλοτρία (*"pois eu te plantara vinha frutífera, toda verdadeira como te transformaste em amargura, ramo hostil"*). Também aqui a videira é a casa de Israel (Jr 2,26). As "uvas bravas" são a idolatria: "teus deuses, ó Judá, são tantos quantas as tuas cidades" (Jr 2,28). Aqui indica que a videira mudou sua natureza: de πᾶσαν ἀληθινήν (*"toda verdadeira"*) passou a ἀλλοτρία (*"hostil"*); isso se deu da passagem do tempo da fidelidade para a infidelidade ao Senhor. Essa infidelidade é pela idolatria e pelas alianças comprometedoras com o Egito e a Assíria (Jr 2,36). Os responsáveis por isso são, antes de tudo, os chefes: "os seus reis, os seus príncipes, e os seus sacerdotes, e os seus profetas" (Jr 2,26).

Ez 15,1-8 fala do "sarmento de videira[18]", que são "os habitantes de Jerusalém" (v. 6). Ezequiel acrescenta, como instrumento do juízo, o fogo, elemento presente também na perícope joanina. A motivação do juízo são "as graves transgressões" (v. 8). Ez 19,10-14 fala também da "mãe" do "leãozinho", referindo-se a Jerusalém e ao rei; fala dela como "videira[19] plantada" que "foi arrancada com furor e jogada por terra" (v. 12). Aqui não se trata da ação do Senhor, mas da Babilônia, o que não muda muito, dado que esse Império é o instrumento do juízo do Senhor: "vou entregar-te nas mãos deles" (Ez 16,39).

Oseias 10,1 se refere a Israel como "videira luxuriante",[20] referindo-se à sua idolatria, expressão da infidelidade ao seu único esposo, o Senhor. A metáfora dos esponsais do Senhor/esposo com Israel/esposa é carro-chefe da profecia de Oseias.

A constante nos profetas é a gratuita ação de Deus no plantio e no cuidado com a vinha/Israel, e a resposta desproporcionada

---

[17] *TM*: שׂרֵק.

[18] *TM*: הֶגָּ֫פֶן; *LXX*: τὸ ξύλον τῆς ἀμπέλου.

[19] *TM*: גֶּפֶן; *LXX*: ἄμπελος.

[20] *TM*: (גֶּפֶן בּוֹקֵק); *LXX*: ἄμπελος εὐκληματοῦσα.

EXEGESE DE JO 15,1-8   99

como uma frustração para o Senhor que esperava outro resultado. Disto segue o juízo que, de modo geral, se trata do abandono da vinha.

Também no Sl 80,9-15 encontramos Israel como "vinha"[21] tirada do Egito e plantada na terra da promessa. O salmista retoma a história da salvação, desde a origem de Israel como povo até sua provação no exílio. Não é apresentado nenhum motivo para que lhe tenham sido derrubadas as cercas (v. 13) e estejam "queimadas" (v. 16); ele somente suplica: *"vivifica-nos"* (תְּחַיֵּנוּ v. 19).

A referência a Israel como vinha/videira se refaz a uma tradição muito antiga entre os profetas, de qualquer maneira é pré-exílica. Os profetas não usam o mesmo termo para falar da vinha/videira. O contexto, porém, permite observar uma grande unidade semântica, mesmo se não morfológica. Ezequiel e o saltério fazem ecoar esta tradição em período exílico. Conclui-se que aqui se está diante de um modo tradicional de referir-se à relação de Israel com o seu Deus.

2.2. Análise do texto como sistema morfossintático e sua semântica

Neste ponto a análise estará atenta a uma leitura contínua do texto, a partir de cada período sintático, respeitando a ordem apresentada pelo texto.

2.2.1. Autorrevelação e revelação do Pai

1a Ἐγώ εἰμι ἡ ἄμπελος ἡ ἀληθινὴ

1b καὶ ὁ πατήρ μου ὁ γεωργός ἐστιν.

"*Eu sou a videira verdadeira e o meu pai é o agricultor*".

---

[21] TM: גֶּפֶן; LXX: ἄμπελος.

A perícope abre com duas metáforas: uma de autorrevelação de Jesus (1a) e outra de afirmação sobre a identidade do Pai (1b). Nas duas orações coordenadas é de notar a inversão do verbo e predicado: εἰμι ἡ ἄμπελος ("*sou a videira*") / ὁ γεωργός ἐστιν ("*o agricultor é*"). Este e outros elementos mostram a acuidade com a qual o autor tece a perícope.

Encontramos na primeira oração (1a) uma afirmação que o sujeito faz de si mesmo, só que o predicado é uma metáfora, até agora desconhecida no texto do Evangelho. Ao substantivo ἡ ἄμπελος ("*a videira*") é somado o adjetivo ἡ ἀληθινή ("*verdadeira*") que o qualifica, distinguido-o.[22] Na segunda oração (1b), ligada à primeira pelo conectivo aditivo καί ("*e*"), temos um novo sujeito ὁ πατήρ ("*o Pai*"), que possui relação expressa com o sujeito da primeira oração, indicada pelo pronome μου. Dele também é feita uma afirmação descritiva e metafórica: ὁ γεωργός ἐστιν. ("*é o agricultor*").

a) Jesus: a videira verdadeira

A qual passagem do AT estaria o EvJo se referindo? Nenhuma é citada, embora o Sl 79,15-16 (*LXX*) dê a possibilidade de interpretar a vinha como identificada ao "filho do homem", o que poderia ser a raiz da interpretação joanina da videira de Jo 15,1-8.[23] De qualquer forma, é próprio do EvJo a liberdade nas citações do AT. Pode-se afirmar que o *mashal* joanino tem como ambiente vital o uso feito pelo AT.

---

[22] RICOEUR, P. *A hermenêutica bíblica*, p.178: "A mesma tensão encontra-se no verbo 'ser' nos enunciados metafóricos. O 'é' é ao mesmo tempo um 'não é' e um 'é como' metafórico. A ambiguidade e o desdobramento são, pois, estendidos do sentido à referência e, através dessa última, ao 'é' da verdade metafórica. A linguagem poética não diz literalmente o que as coisas são, mas a que elas são semelhantes; dessa maneira oblíqua diz o que elas são".

[23] Cf. BROWN, R. E. *The Gospel according to John*, p. 108.

Na passagem para o NT, porém, era de se esperar que agora fosse a Igreja a vinha ou videira.[24] Mas não é assim. Jesus é a videira! Sendo inegáveis os elementos de continuidade entre o AT e o NT quanto à eclesiologia, há uma novidade que instaura descontinuidade: Jesus, o Filho enviado pelo Pai. O fundo veterotestamentário não resolve todas as questões. A resposta dar-se-á pela concepção cristológica do conjunto da obra do EvJo. "Jesus é o verdadeiro Israel, perfeitamente fiel a Deus."[25]

O *mashal* da videira mostra a virada eclesiológica. A videira não pode ser mais abandonada, jamais ficará deserta, arrancada ou queimada. Esta é a videira ἡ ἀληθινή (*"verdadeira"*), ou divina. Com a imagem joanina da videira, Jesus se coloca no lugar que até então ocupava o povo de Israel. "É difícil que Jesus se autodefina a verdadeira videira, a única digna de tal nome, somente para diferenciar-se da videira em sentido material. Mais provável é que ele entenda contrapor-se a outras figuras, às quais a imagem da videira era já aplicada."[26] Essa perspectiva está de acordo com a teologia joanina, pois, para João, com a vinda de Jesus chegou o fim do culto no templo israelita, o fim da comunidade cultural pertencente a esse templo.[27] O povo de Israel não

---

[24] Realmente chama a atenção o fato do EvJo não identificar a videira com a comunidade dos discípulos, contrapondo a Israel no AT. Mas isso é uma característica de João, ele substitui "o Reino de Deus é como..." por "Eu sou..." (cf. BROWN, R. E. *The Gospel according to John*, p. 670). Sobre a relação da vinha e da videira, encontra-se o testemunho de Taciano, que traz esta variante. Também muitas versões etiópicas e um manuscrito (J) da *Vulgata*. Também em alguns Padres da Igreja encontramos esta variante. Em suma, é uma variante mais atestada que o aparato da Nestle-Aland indique. "É melhor pensar que Taciano tenha harmonizado o texto joanino com outros textos do evangelho [...] ou que tenha querido introduzir no texto joanino um tema mais conforme àquele do AT" (BOISMARD, M.-É.; LAMOVILLE, A. *L'Évangile de Jean*, p. 366). Taciano fez a concordância na letra, que o próprio autor pretendia no horizonte da história da revelação.

[25] BOISMARD, M.-É.; LAMOVILLE, A. *L'Évangile de Jean*, p. 369.

[26] BEHM, J. ἄμπελος. In: KITTEL, R. (ed.). *GLNT* (vol. I), col. 925-926.

[27] Cf. 2,13-22; 4,21-26; 8,31-59.

é suplantado pela comunidade cristã, mas por Jesus mesmo; ele ocupa o lugar de Israel, como Filho e revelador de Deus. "Assim a imagem da videira começa por experimentar uma concentração cristológica como requisito para a ampliação eclesiológica, que aparece depois."[28] Quem quiser ser a vinha do Senhor deverá permanecer em Cristo.

Ao lado do elemento comunitário entra o indivíduo, antes de tudo o próprio Jesus Cristo, a videira; entra também o ramo que se ligará à videira. Este é um princípio eclesiológico novo: a tensão entre o todo e os membros. Não se trata, porém, de considerar o indivíduo atomizado, mas na sua relação com a videira/Jesus e os ramos/discípulos; o que não permite liberar ninguém da comprometedora resposta dada ao convite a permanecer na videira, aderir-se vital e permanentemente a Jesus.

O adjetivo ἀληθινή além da concepção primeira e óbvia de verdadeira, autêntica, possui o significado específico de "divino", em contraposição à realidade humana e terrestre e mais precisamente enquanto contém em si a ἀλήθεια ("verdade"), ou seja, é fonte de revelação.[29] Há uma equivalência entre τὸ φῶς τὸ ἀληθινόν ("a luz verdadeira") de Jo 1,9 e 1Jo 2,8 com o τὸ φῶς τῆς ζωῆς ("a luz da vida") de Jo 8,12; ἡ ἄμπελος ἡ ἀληθινή ("a videira verdadeira") é, substancialmente, a mesma coisa de ὁ ἄρτος τῆς ζωῆς ("o pão da vida") de 6,35.48.[30] O adjetivo ἀληθινή dá o tom neotestamentário ao *mashal* da videira. A videira é verdadeira porque Jesus é a Verdade.

---

[28] BLANK, J. *El Evangelio según San Juan*, p. 142.

[29] Cf. BLANK, J. *El Evangelio según San Juan*, p. 141. "Verdadeira" não deve ser entendida como contrapondo-se a outras que teriam a mesma pretensão, mas na sua relação com aquele que é a "verdade". Bussche, por sua vez, assevera que, "na presente alegoria, se há toda razão de ver, na insistência sobre a veracidade da videira, uma oposição com a vinha do Senhor no Antigo Testamento, o povo de Israel" (BUSSCHE, H. La vigne et ses fruits. Jn 15,1-8, p. 12).

[30] Cf. BULTMANN, R. ἀλήθεια. In: KITTEL, R. (ed.). *GLNT* (vol. I), col. 673.

A reviravolta eclesiológica, identificando Jesus mesmo com a videira, cria outra mudança. É forçoso admitir que a pertença do indivíduo ao todo, no caso sua ligação com a comunidade dos que creem que Jesus é o Cristo, o Filho de Deus, fica determinada pela sua relação pessoal com Jesus. O que se quer dizer é que a ontologia do discípulo se determina não por uma ação sua, mas pela dependência de um *Outro*, da videira/Jesus. A videira não é a soma dos ramos. A comunidade de fé não é, antes de tudo, uma fraternidade. Há sempre Um na comunidade que a precede e recebe os que aceitam permanecer nele; com ele e nele os ramos se tornam a "videira verdadeira".

O conjunto desta perícope exprime, em primeiro lugar, a íntima união fundada sobre a absoluta dependência dos discípulos com Jesus e a união que eles devem manter se quiserem produzir fruto (vv. 4-5.7-8); em segundo lugar, exprime o cuidado que o Pai tem com a comunidade dos discípulos (vv. 1-3), incluindo o juízo duro sobre aqueles que não permacecem em Jesus (vv. 2.6)

b) A revelação do Pai como agricultor: o que cuida da videira

Esta função do Pai é nova para o ouvinte-leitor das Escrituras.[31] Ele é o γεωργός, o *agricultor*, o que cuida. Esta função está ligada ao campo: tanto à agricultura, que é mais comum, quanto ao pastoreio (cf. Jr 38,24). Nem no AT nem no NT Deus tem esta função;[32] encontra-se a função de plantar (Is 5,1-4; Jr 2,21 e

---

[31] BARRETT, C. K. *The Gospel of John*, p. 471: "Um leitor helenista do Evángelho encontraria a figura de Deus como γεωργός bem familiar".

[32] Recorre 19x no NT, 16x nos sinóticos, na parábola da vinha (Mc 12 e par.), na qual os agricultores são os chefes do povo; 2Tm 2,6 fala dos sacrifícios para gozar dos frutos; e Tg 5,7. Em Tg a paciência do cristão deve ser como a do agricultor, cheia de perseverança. Somente em Jo 15,1 refere-se ao Pai. Na *LXX* recorre 9x. Gn 9,20: Noé é o agricultor; Gn 49,15: referindo-se à função de Issacar na Terra Prometida; Sb 17,16: referindo-se a uma ocupação dos "iníquos", não judeus; Am 5,16: o agricultor será chamado para chorar, diante do juízo contra os israelitas; Jl 1,11: também os agricultores lamentam a devastação do país; Jr 14,4: o desespero dos agricultores por causa da seca; Jr 28,23 (*TM* 51,23):

mais dezenas de vezes). A apresentação do agricultor sendo o Pai é também autorrevelação de Jesus. Segundo o EvJo, Jesus é antes de tudo ὁ υἱός.[33] Aqui está indicada sua missão e sua autoridade como testemunha da verdade.

Na parábola da vinha narrada nos sinóticos (cf. Mc 12,1-12 e par.), Deus é o dono da vinha que é arrendada aos agricultores, não cultivando pessoalmente a vinha. Nesta perícope, a videira está sob sua guarda direta; pelas suas ações indicadas no v. 2, ele é o senhor da videira, tem autoridade de cortar e de podar. Os frutos são para ele, para agradá-lo.

Na perícope em estudo, os versículos nos quais aparece o Pai, Jesus fica em segundo plano. O movimento da perícope chama a atenção do ouvinte-leitor para o Pai, que está no início como o agricultor que cultiva e ao final como o proprietário da vinha que espera os frutos, sua glorificação. A expectativa liga nossa perícope à tradição veterotestamentária, particularmente a Isaías e a Jeremias, onde se esperavam uvas boas.

Antes de tudo, apresentar ὁ πατήρ μου (*"meu Pai"*) como ὁ γεωργός (*"agricultor"*) indica dar-lhe uma função extrínseca ao dinamismo do processo imanente da videira. Mesmo que nossa perícope não se trate propriamente de uma alegoria – como foi esclarecido antes –, há um nível alegórico que dialoga com o real no andamento da perícope. O agricultor estará sempre observando o desenvolvimento produtivo dos ramos. Isso é indicado pelo desfecho da perícope, em que o discípulo deve glorificar o Pai, em linguagem metafórica, deve produzir frutos para a satisfação do

---

também o agricultor está destinado ao juízo contra a Babilônia; Jr 38,24 (*TM* 31,24): fala da boa sorte para Israel e dele gozará também o agricultor; Jr 52,16: dentre os remanescentes na terra ficam os agricultores.

[33] Filho de Deus: Jo 1,34.49; 3,18; 5,25; 10,36; 11,4.27; 19,7; 20,31; Filho do Homem: 1,51; 3,13.14; 5,27; 6,27.53.62; 8,28; 9,35; 12,23.34 (2x); 13,31; Filho: 3,35.36 (2x); 5,19 (2x).20.21.22.23 (2x).26; 6,40; 8,35.36; 12,36; 14,13; 17,1.2. Sobretudo neste absoluto ὁ υἱός, além da chave cristológica, sendo Jesus totalmente relacionado ao Pai, lança grande luz para o entender relacional do discípulo que só existe "a partir" e "na permanência em".

investimento do agricultor. O ouvinte-leitor nota, pelo conjunto da perícope, que aquilo que o Pai/agricultor espera é que quem se aproxima de Jesus/videira defina toda sua existência por esta relação, o que indica permanecer nele. Os frutos, que em outro lugar serão indicados, são consequência do permanecer nele. Querer permanecer e não produzir fruto é uma mentira; pode até ser afirmada a possibilidade, mas não é real; todo o que permanece produz fruto, e quem não produz fruto é porque verdadeiramente não está permanecendo.

2.2.2. Ações do agricultor

2a   πᾶν κλῆμα ἐν ἐμοὶ μὴ φέρον καρπὸν

2b   αἴρει αὐτό,

2c   καὶ πᾶν τὸ καρπὸν φέρον

2d   καθαίρει αὐτὸ

2e   ἵνα καρπὸν πλείονα φέρῃ.

> *"Todo ramo que em mim não produz fruto ele o retira, E todo que produz fruto ele o limpa a fim de que produza mais fruto."*

O v. 2 é composto por dois períodos antitéticos: πᾶν κλῆμα ἐν ἐμοὶ μὴ φέρον καρπὸν (*"todo ramo que em mim não produz fruto"*)/ πᾶν (*"κλῆμα" "ramo"* – deixado por elipse) τὸ καρπὸν φέρον (*"todo que produz fruto"*). Os segmentos 2b e 2d são as orações principais dos períodos. Os dois períodos estão bem articulados. Nota-se como o autor usou o anacoluto, antecipando o objeto ao sujeito e ao verbo, sendo que o sujeito está subtendido no contexto, para assim destacá-lo nas duas frases.[34] Os dois períodos

---

[34]   Cf. BLASS, F.; DEBRUNNER, A. *Grammatica del Greco del Nuovo Testamento*, § 466,3: "Singular é o fenômeno do anacoluto depois de πᾶς,

são apuradamente construídos: ambos iniciam com πᾶν *todo*/ καὶ πᾶν *e todo*, e terminam com o pronome αὐτό̅ *aquele*;[35] seguem condições opostas μὴ φέρον καρπὸν *não produz fruto*/ καρπὸν φέρον *produz fruto* (como no v. 1, observa-se a inversão verbo e substantivo / substantivo e verbo). Os verbos que regem os períodos principais ferem o ouvido pela similitude de som: αἴρει *cortar*/ καθαίρει *limpar*.[36] Essas duas ações são também antitéticas.

A frase final (2e) desequilibra a harmonia das antíteses. Inicialmente parece haver ambiguidade sintática, não sendo claro se a finalidade é somente o ramo limpo ou se também a retirada dos ramos que não produzem fruto. Mas pelo fato de a ação do agricultor não ser para que a videira dê mais fruto, mas para que os ramos deem mais frutos, fica claro que dos que são retirados não é de esperar nenhuma produção; aliás, dever-se-á aguardar o v. 6 para a descrição do que acontece aos ramos que não produzem frutos na videira/Jesus.

O agricultor tem a função de "retirar" o ramo que em Jesus não produz fruto.[37] A alegoria não é perfeita, pois um ramo poderia ser plantado novamente. Esse *mashal* joanino exclui tal possibilidade. Antes de este produzir fruto ser uma ação, ele indica um estado determinado pela escolha de permanecer em Jesus. Na

---

no qual um uso linguístico semita deu uma marca decisiva à tendência da língua popular". Influxo semítico na sintaxe: na qual se antecipa a frase com πᾶν (*casus pendens*), e depois volta ao pronome pessoal.

[35] Este é o claro fenômeno da *symploke*, em que há palavras iguais em paralelismo no início e no fim de cada membro (cf. BLASS, F.; DEBRUNNER, A. *Grammatica del Greco del Nuovo Testamento*, § 489).

[36] Não é tão seguro que aqui se trate de uma παρονομασία, como afirma G. GIURISATO em "Struttura e messaggio di Gv 15, 1-8" (p. 694), onde palavras da mesma raiz são repetidas; é mais seguro afirmar que aqui se encontra um ομοιοτέλευτον, no qual palavras diversas terminam do mesmo modo (cf. BLASS, F.; DEBRUNNER, A. *Grammatica del Greco del Nuovo Testamento*, § 488,2).

[37] 1Jo 2,19 fala dos que "saíram do meio de nós mas não eram dos nossos" (ἐξ ἡμῶν ἐξῆλθαν ἀλλ᾽ οὐκ ἦσαν ἐξ ἡμῶν); são estes os ramos não produtivos.

sequência da perícope da videira, "o 'fruto' é a 'observância dos mandamentos', sobretudo a observância do amor fraterno (v. 12), e indiretamente o 'fruto da missão'".[38]

Ele não corta ramo que permaneça. Permanecer não é ligação física, é vínculo determinante. No comentário mais à frente sobre o v. 6 serão vistas as imagens usadas para indicar a retirada do ramo não produtivo.

Outra ação do agricultor é que ele "limpa" o ramo que produz fruto.[39] O texto não diz como é feita a limpeza, dado que os que estão com Jesus já estão limpos por causa da palavra. Jesus é a palavra criadora, eficaz; sua palavra leva a marca do seu ser palavra. Se é o Pai que limpa, também os discípulos são limpos pelo Pai. O Pai o faz com a palavra de Jesus, ou mesmo com a Palavra Jesus. Estar nele é estar limpo. De qualquer modo, o agricultor estará sempre conferindo a vivacidade dos ramos, ou seja, a qualidade da relação com Jesus, a videira.

Para concluir, o Pai aparece como fim do processo do tornar-se discípulo. O que está em jogo na perspectiva do que dispõe a permanecer em Jesus é tornar-se discípulo; na perspectiva de Jesus é o permanecer nele; e na perspectiva do Pai é sua glorificação. Os três atos são concomitantes, mas há uma finalidade: a glorificação do Pai; e há também um pressuposto teológico fundamental: permanecer em Jesus.

---

[38] Cf. PORSCH, F. ἄμπελος. In: BALZ, H; SCHNEIDER, G. *DENT* (vol. I), col. 190-191.

[39] Cf. BOISMARD, M.-É.; LAMOVILLE, A. *L'Évangile de Jean*, p. 369. A imagem da purificação dos ramos produtivos não se encontra nem no AT nem no NT. Poderia aqui aproximar da imagem com os metais preciosos: a) Ml 3,3, *LXX*: "καθαρίζων ὡς τὸ ἀργύριον καὶ ὡς τὸ χρυσίον", referindo-se à purificação dos filhos de Levi; b) 1Pd 1,6-7, que fala da fé provada pelo fogo: "τοῦ ἀπολλυμένου διὰ πυρός").

2.2.3. A palavra[40] que purifica os discípulos e na qual eles permanecem

3a   ἤδη ὑμεῖς καθαροί ἐστε

3b   διὰ τὸν λόγον

3c   ὃν λελάληκα ὑμῖν·

"Vós já estais limpos por causa da palavra que vos falei."

O v. 3 traz o discurso para o nível não metafórico. Para realizar este fenômeno o autor coloca ὑμεῖς (*"vós"*) como termo correlativo de κλῆμα (*"ramo"*) do v. 2. Nota-se um encaminhamento de clareza sobre a natureza do ramo. No v. 2 foi vista a ação do Pai que retira o ramo que não produz fruto em Jesus (ἐν ἐμοὶ) e ele limpa o que produz. No v. 3 o autor chama em causa os discípulos/ouvintes. Como podem ser podados? διὰ τὸν λόγον (*"por causa da palavra"*). Qual palavra? ὃν λελάληκα ὑμῖν (*"a que vos falei"*) –, notemos o valor do perfeito que alcança os ouvintes. A força da palavra na formação do discípulo é indicada em Jo 8,31c: Ἐὰν ὑμεῖς μείνητε ἐν τῷ λόγῳ τῷ ἐμῷ, ἀληθῶς μαθηταί μού ἐστε. *"Se vós permanecerdes na minha palavra, sereis verdadeiramente meus discípulos"*).

É mesmo extraordinário como o autor trabalha com o nível metafórico e real, deixando suficiente clareza para distinguir sem perder o enriquecimento recíproco. Ademais, o texto é muito bem

---

[40]   Aparece na perícope a recorrência de λόγος (3b) e ῥῆμα (7b). KLEINKNECHT, H. λέγω, λόγος, ῥῆμα, λαλέω. In: KITTEL, R. (ed.). *GLNT*, col. 229: "λόγος e ῥῆμα no AT – como mais tarde no Novo – são equivalentes"; PROCKSCH, O. λέγω, λόγος, ῥῆμα, λαλέω. In: KITTEL, R. (ed.). *GLNT*, col. 263: "A *LXX* usa os dois termos [λόγος e ῥῆμα] como sinônimos".

costurado; o léxico καθαροί ("*limpos*") liga este versículo ao anterior, no qual encontramos o *hapax* καθαίρει ("*limpa*").[41]

Que os discípulos de Jesus sejam puros, isso é uma asserção de princípio. O princípio cristão é que a relação com Jesus, o estar nele, substitui a pureza cultual e ritual, pois "a purificação não é enviada por Deus como uma prova externa; ela esta intimamente ligada à ação da palavra".[42] Afinal, a comunhão com Jesus só pode ser conservada se o discípulo deixa ser feito pelo Mestre este serviço de amor,[43] pois é o amor vivendial de Jesus que nos tira fora da nossa soberba e nos torna capazes de Deus, nos torna "puros".[44] É no encontro com a palavra de Jesus que coloca o ser humano na decisão de crer. "Aqui mais uma vez o dom está no início, a palavra de Jesus, de modo que o 'produzir fruto' não deve ser entendido como logro humano."[45]

Quando se afirma que ἤδη ὑμεῖς καθαροί ἐστε διὰ τὸν λόγον ὃν λελάληκα ὑμῖν ("*vós já estais limpos por causa da palavra que vos falei*": 3ab), "λόγος ('*palavra*') não é um puro termo formal, mas contém sempre a vivente certeza da 'palavra falada', dirigida neste caso de Deus ao mundo", pois "a essência específica do termo λόγος no NT não consiste no vocábulo e na forma como tal, mas na relação concreta com aquele que fala".[46]

---

[41] A παρονομασία é também um elemento com forte função comunicativa, pois chama a atenção do leitor-ouvinte (cf. BLASS, F.; DEBRUNNER, A. *Grammatica del Greco del Nuovo Testamento*, § 488,1).

[42] BUSSCHE, H. La vigne et sés fruits. Jn 15,1-8, p. 16.

[43] Cf. HAUCK, F. καθαρός. In: KITTEL, R. (ed.). *GLNT* (vol. IV), col. 1282-1290. "ἤδη ὑμεῖς καθαροί ἐστε" (3a) é uma citação que aparece também em 13,10. Das quatro recorrências em João, as outras três estão no contexto do lava-pés; sempre com sentido de uma pureza que é fruto da relação com Jesus.

[44] BENTO XVI. *Jesus de Nazaré*. Da entrada em Jerusalém até a ressurreição. São Paulo: Planeta, 2001, p. 62.

[45] BLANK, J. *El Evangelio según San Juan*, p. 144.

[46] KITTEL, G. λέγω, λόγος, ῥῆμα, λαλέω. In: KITTEL, R. (ed.). *GLNT*, col. 289.

Também para João a alternativa entre fé e a recusa se funda seja sobre o agir de Jesus (cf. Jo 11,45ss), seja sobre a sua palavra (cf. Jo 6,60ss; 10,19ss). Crê-se em Jesus *por causa da sua palavra* (διὰ τὸν λόγον αὐτοῦ Jo 4,41; cf. 4,50ss); esta palavra é aceita ou não (λαμβάνων τὰ ῥήματά μου *"quem recebe a minha palavra"* Jo 12,48); se pode guardar ou não guardar (ἐάν τις τὸν ἐμὸν λόγον τηρήσῃ *"caso alguém guarde a minha palavra"* Jo 8,51; 14,24; 15,20; Ap 3,8); nessa se permanece (Jo 8,31; cf. 15,7) e essa penetra no homem (χωρεῖ ἐν ὑμῖν *"penetra em vós"* Jo 8,37). Quem rejeita a palavra de Jesus se expõe ao juízo de Deus (cf. Jo 12,47s); quem, ao invés, acolhe com fé e a guarda se torna puro, διὰ τὸν λόγον ὃν λελάληκα ὑμῖν (*"por causa da palavra que vos falei"* Jo 15,3bc). Quem acolhe a palavra "tem vida eterna e não cai no juízo" (Jo 5,24), "não verá a morte eternamente" (Jo 8,51s). O valor da Palavra de Jesus se apoia no fato de ele ser o Filho, e que "a palavra que escutaste não é minha, mas do Pai que me enviou" (Jo 14,24; cf. 14,10; 17,8). Sendo do Filho, as palavras de Jesus são ῥήματα ζωῆς αἰωνίου (*"palavras de vida eterna"* Jo 6,68), πνεῦμά ἐστιν καὶ ζωή (*"são espírito e vida"* Jo 6,63). Por isso se entende a equiparação da palavra de Jesus com a Escritura: "creram na Escritura e na palavra dita por Jesus" (Jo 2,22; 5,47).[47] "Χάριτος e ἀλήθεια (*"graça"* e *"verdade"*) constituem a essência do λόγος (Jo 1,14) e, portanto, o conteúdo da revelação trazida em Jesus (Jo 1,17b) que substitui o νόμος mosaico, a *Torá* (Jo 1,17a)"; "o λόγος se encarnou justamente para que nele se manifestasse a antítese com a Torá" .[48] "Jesus não é somente transmissor e promulgador da Torá, mas é ele mesmo Torá, nova Torá. Tudo que era provisório e indireto está superado. Em Jesus acontece propriamente a Palavra de Deus",[49] "de modo que πιστευειν τῷ λόγῳ τοῦ

---

[47] Ibid., col. 301-303.

[48] Ibid., col. 376-377.

[49] Ibid., col. 378.

Θεοῦ ('*crer na palavra de Deus*') se torna πιστευιν εἰς Χριστὸν ('*crer em Cristo*')".[50]

Por tudo isso não se pode admitir reduzir a pureza de que fala o texto a um nível moral. É o Messias-Palavra que realiza o lavacro de purificação que renova quem se deixa purificar por esta comunhão que capacita ao culto em espírito e verdade. Embora produzir frutos não seja um "apêndice moral do mistério", o essencial, porém, é o permanecer na videira, isso porque a pureza é, antes de tudo, um dom comunicado que renova o discípulo a partir de dentro; esse dom é antes de tudo o permanecer nele, ser acolhido em Cristo.[51]

Sendo Jesus a epifania da Palavra, pois ela se fez carne, na palavra dita por Jesus está a expressão do seu ser. Ora, sendo assim, nada mais fundamental para o discípulo que o que vem de Jesus: na palavra a relação com ele. Ademais, esta palavra dita por Jesus se mostra eficaz para o discípulo; como o *dabar* profético, ela não volta sem ter produzido resultado (cf. Is 55,10-11); no caso, o resultado é capacitar o discípulo para glorificar o Pai, produzindo fruto, ou, mais fundamentalmente dizendo, fazendo gerar o discípulo.

2.2.4. A fórmula da imanência recíproca

4a   μείνατε ἐν ἐμοί,

4b   κἀγὼ ἐν ὑμῖν.

"*Permanecei em mim e eu em vós.*"

Este período coordenado apresenta algo de único na perícope: a única frase propriamente parenética, com o verbo no imperativo (μείνατε "*permanecei*"). Nota-se que esta exortação não é

---

[50]   BULTMANN, Rudolf; WEISER, A. πιστεύω, πίστις. In: KITELL, R. (ed.) *GLNT* (vol. X), col. 452.

[51]   Cf. BENTO XVI. *Jesus de Nazaré*, p. 65-69.

para fazer algo, nem para produzir frutos, mas para permanecer em Jesus (ἐν ἐμοί *"em mim"*).[52] O lugar estratégico deste imperativo dá o tom de toda a perícope. É a primeira vez que aparece o verbo μένω das sete vezes que recorre na perícope. Como foi notado em outros lugares, vê-se aqui a finura da construção: primeiro o verbo na segunda pessoa do plural e o pronome na primeira pessoa; na segunda frase o pronome na primeira pessoa (verbo elíptico) e pronome na segunda do plural.

Esta relação indicada pela imagem da videira e dos ramos é enunciada conceitualmente pela "fórmula da imanência recíproca" que aparece três vezes (4ab; 5cd; 7ab) na perícope.[53] Qualquer tipo de identificação desta relação como mística ou "moral" irá empobrecê-la.[54] Mas é necessário dar um nome a esta relação. Que seja então relação vital.[55] De qualquer modo, "como Jesus está falando metaforicamente, e não alegoricamente, em sentido estrito, não há concentração nos detalhes",[56] ou seja, a linguagem do texto é o que temos; tudo o que temos e somente o que temos. O ouvinte-leitor colhe a profundidade pela plasticidade da imagem que ele pode criar, mas, sobretudo, que pode visitar na tradição bíblica. Em cada tempo, quem se aproxima para ser discípulo deverá perguntar-se da disposição em ser um ramo como o contexto do EvJo indica. Se não, não poderá ser

---

[52] Cf. MATEOS, J.; BARRETO, J. *El Evangelio de Juan. Analisis lingüístico y comentário exegético*. 2. ed. Madrid: Ediciones Cristiandad, 1982. p. 652. Este autor, nas notas filológicas, propõe traduzir εμ εμοι por *"comigo"*. Embora possível, retornaria ao nível fenomenológico do discipulado, abrindo mão da ontologia aqui indicada.

[53] HAUCK, F. μένω. In: KITTEL, R. (ed.). *GLNT* (vol. VII), col. 42: a esta imanência recíproca está ligada aquela "in-habitação permanente de Cristo e de Deus no crente", e também a "morada" preparada por Jesus para os seus (cf. Jo 14,2.23).

[54] LINDARS, B. *The Gospel of John*, p. 489.

[55] BEHM, J. κλῆμα. In: KITTEL, R. (ed.). *GLNT* (vol. V), col. 581-582. "João se serve da imagem da videira e os ramos para ilustrar, em analogia à sua natural relação, íntima e vital união de Jesus com seus discípulos".

[56] LINDARS, B. *The Gospel of John*, p. 489.

discípulo. Ser ramo se refere à dependência da videira, da intensidade da relação e da condição de subsistência. Não basta que o discípulo saiba disto, precisa ser isto: ramo na videira.

Ser discípulo indica uma disposição vivencial de estar nele e permitir que ele esteja em si. "Qual seja a força que faz brotar o fruto, é claramente indicada por João na comunhão com Cristo."[57] O produzir fruto está condicionado ao permanecer na videira. O ramo só não produz fruto porque não permanece na videira.

2.2.5. Os ramos e os discípulos

4c καθὼς τὸ κλῆμα οὐ δύναται καρπὸν φέρειν ἀφ᾽ ἑαυτοῦ

4d ἐὰν μὴ μένῃ ἐν τῇ ἀμπέλῳ,

4e οὕτως οὐδὲ ὑμεῖς

4f ἐὰν μὴ ἐν ἐμοὶ μένητε.

"Como o ramo não pode produzir fruto por si mesmo, caso não permaneça na videira, assim nem vós, caso não permaneçais em mim."

Este período é construído em simetria paralela (aba'b'): trata-se de dois períodos hipotéticos nos quais a apódose em frases comparativas é indicada por καθώς (*"como"*) / οὕτως (*"assim"*) e a prótase é indicada com ἐὰν μή *"caso não"*+ verbo μένω *"permanecer"*. Nota-se aqui a inversão: primeiro a consequência (apódose), depois a condição (prótase). Os dois períodos hipotéticos (4cd; 4ef) amarraram a imagem da videira/ramos com a realidade Jesus/discípulos.

Também aqui se observa a construção meticulosa da inversão do verbo com o adjunto adverbial de lugar: μένῃ ἐν τῇ ἀμπέλω

---

[57] HAUCK, F. καρπός. In: KITTEL, R. (ed.). *GLNT* (vol. V), col. 219.

("*permaneça na videira*") / ἐν ἐμοὶ μένητε ("*permanecei em mim*"). Estes detalhes estruturais e de intercessão de imagem e realidade reforçam a fusão dos horizontes e facilitam ao leitor e ao ouvinte visualizarem o que ouvem, absorvendo mais densamente o que é proclamado. É afirmado que "os discípulos têm uma relação de dependência que equivale àquela dos ramos com a videira: como os ramos dependem da videira para produzir frutos, assim os discípulos de Jesus".[58]

As condições colocadas para o ramo e para os discípulos (ὑμεῖς "*vós*") estão na negativa: ἐὰν μή ("*caso não*"). O não permanecer leva ao necessário não produzir fruto. A sintaxe indica que em 4e está subtendido οὐ δύναται καρπὸν φέρειν ἀφ' ἑαυτοῦ ("*não pode produzir fruto por si mesmo*"). Mesmo fora das altercações dogmáticas, não há como não remarcar que estamos diante de um elemento que toca a espinha dorsal do Cristianismo e, portanto, do ser discípulo.[59] Ao lado do perigo de não permanecer em Jesus está a tentação de querer produzir frutos por si mesmo: um e outro modo estão fadados ao fracasso.

O que significa profundamente este permanecer capaz de produzir frutos? Pode ajudar a entender quando Jesus fala da condição para sua vida ser fecunda. Jesus é comparado a um grão de trigo cuja morte é pressuposto necessário de uma rica messe de frutos (cf. Jo 12,24).[60] O correspondente do discípulo exige a comunhão com Jesus também no dinamismo da fecundidade da vida. Para Jesus, a morte do grão de trigo é a entrega da sua vida e, embora ele possa retomá-la, continua sendo uma entrega total, obediente. O modo como esta entrega pode ser traduzida para o discípulo, no EvJo, começa pelo crer em Jesus, fonte de vida eterna, e tem seu desfecho em também ele estar disposto a dar a vida (cf. Jo 15,13). Crer em Jesus determina uma nova existência, é "nascer do alto", não viver mais a partir "da carne e do sangue",

---

[58] GIURISATO, G. Struttura e messaggio di Gv 15,1-8, p. 696.

[59] Corresponde semântica e teologicamente ao "confiar na carne" paulino (Fl 3,4a.c).

[60] Cf. HAUCK, F. καρπός. In: KITTEL, R. (ed.). *GLNT* (vol. IV), col. 220.

mas da vontade de Deus; vontade expressa na palavra de Jesus, que faz puro o discípulo.[61]

Esse nível de relação com Jesus, que é crer nele, gera no discípulo uma vida que é qualificada como "eterna". "Com esta enunciação ao presente, a promessa escatológica da salvação se torna uma possessão salvífica imediatamente vivida"; indica mesmo que a "relação salvífica é duradoura e já presente".[62]

A fórmula plena da imanência aparece em Jo 14,20: ἐγὼ ἐν τῷ πατρί μου καὶ ὑμεῖς ἐν ἐμοὶ κἀγὼ ἐν ὑμῖν ("*eu no Pai, vós em mim e eu em vós*").[63] É chamada plena porque em todas as relações do Pai com o Filho, de Jesus com os discípulos ou do Pai com os discípulos, se não explícita como aqui, ao menos virtualmente estará presente o outro terceiro elemento. O v. 8 que conclui a perícope da videira expressa em fórmula plena ao afirmar que os discípulos de Jesus glorificam o Pai.

Esta fórmula serve também para expressar a comunhão de Jesus com o Pai (Jo 10,38: ἵνα γνῶτε καὶ γινώσκητε ὅτι ἐν ἐμοὶ ὁ πατὴρ κἀγὼ ἐν τῷ πατρί "*a fim de que saibais e conheçais que o Pai está em mim e eu estou no Pai*"; Jo 14,10.11: ἐγὼ ἐν τῷ πατρὶ καὶ ὁ πατὴρ ἐν ἐμοί ἐστιν "*eu estou no Pai e o Pai está em mim*"). Esta permanência do Pai em Jesus permite que o Pai, em Jesus, realize suas ações (Jo 14,10: ὁ δὲ πατὴρ ἐν ἐμοὶ μένων ποιεῖ τὰ ἔργα αὐτοῦ "*o Pai, permanecendo em mim, faz as suas obras*"); neste nível de

---

[61] Outras manifestações da vida divina que permanece no discípulo nos escritos joaninos: palavra de Deus (Jo 5,38; 15,7; 1Jo 2,14); vida (1Jo 3,15); amor (1Jo 3,17), a verdade (2Jo 2) a unção (1Jo 2,27), ou os discípulos que permanecem nas coisas divinas: na casa de Deus (Jo 8,35); no amor (Jo 15,9.10), na luz (1Jo 2,10), na doutrina (2Jo 9).

[62] HAUCK, F. μένω. In: KITTEL, R. (ed.). *GLNT* (vol. VII), col. 31.32. Para Paulo, esta realidade duradoura também se dá pela relação estável com Cristo, pois "Οὐδὲν ἄρα νῦν κατάκριμα τοῖς ἐν Χριστῷ Ἰησοῦ·" (Rm 8,1).

[63] Cf. SCHNACKENBURG, R. *El Evangelio según San Juan*, p. 128. Este autor vê no contato deste texto com as fórmulas da imanência da nossa perícope um dos elementos que justificaria o Capítulo 15 ter sido colocado aqui pelo redator final.

relação entra a resposta dada por Jesus a Filipe: "quem me vê, vê o Pai". Fica patente que esta relação de Jesus com o Pai qualifica não só suas ações e palavras, mas seu próprio ser, que se torna epifania do Pai. Em 17,21.23, há uma referência à fórmula plena, em que há uma cadeia: o Pai em Jesus, Jesus nos discípulos, para que assim se tornem "uma só coisa". No EvJo encontramos os raciocínios por cascata: a relação de Jesus com o Pai transferida para os discípulos e Jesus (15,9-10: cheio de significado é o καθώς ("*como*") joanino).

A questão agora é se o EvJo nos permite inferir, para a relação Jesus/discípulos, as consequências da relação Pai/Filho. As fórmulas da imanência vistas dentro do conjunto do Evangelho expressam a intenção de aplicar a relação de Jesus com o Pai à relação dos discípulos com Jesus, sempre guardadas as devidas proporções. Pode-se dizer, de certo modo, que quem vê o discípulo vê Jesus (cf. Jo 13,34: ἐν τούτῳ γνώσονται πάντες ὅτι ἐμοὶ μαθηταί ἐστε, ἐὰν ἀγάπην ἔχητε ἐν ἀλλήλοις "*nisto todos conhecerão que sois discípulos meus, se tiverdes amor uns pelos outros*"). Neste ponto é sugestiva a ligação que o autor estabeleceu entre dois textos do seu escrito: Jo 1,18 (μονογενὴς θεὸς ὁ ὢν εἰς τὸν κόλπον τοῦ πατρὸς "*o Unigênito de Deus que está no seio do Pai*") e Jo 13,23 (εἷς ἐκ τῶν μαθητῶν αὐτοῦ ἐν τῷ κόλπῳ τοῦ Ἰησοῦ "*um dos seus discípulos, o que estava no seio de Jesus*"): Jesus é o "Unigênito" que está no "seio" do Pai; o discípulo que dá testemunho é aquele que está "no seio de Jesus". Ao ouvinte-leitor estes ganchos ferem-lhe os ouvidos.

Alargando a pesquisa para os escritos joaninos, a identidade do discípulo se dá quase que pela reprodução existencial da vida de Jesus: o discípulo deve estar na luz ὡς αὐτός ἐστιν ἐν τῷ φωτί ("*como ele está na luz*" 1Jo 1,7); deve καθὼς ἐκεῖνος περιεπάτησεν καὶ αὐτὸς περιπατεῖν ("*caminhar como ele caminhou*"1Jo 2,6); ser puro καθὼς ἐκεῖνος ἁγνός ἐστιν ("*como ele é puro*" 1Jo 3,3); ser justo καθὼς ἐκεῖνος δίκαιός ἐστιν ("*como ele é justo*"1Jo 3,7); o desfecho é que ὅμοιοι αὐτῷ ἐσόμεθα, ὅτι ὀψόμεθα αὐτὸν καθώς ἐστιν ("*seremos semelhantes a ele, porque o veremos tal como ele é*" 1Jo 3,2).

A repetição da fórmula da imanência na perícope da videira dá a chave para a porta do sentido profundo da relação da videira com os ramos; esta relação deve ser lida à luz da relação de Jesus com o Pai, sabendo que esta reciprocidade no permanecer gera na parte mais "fraca" o dever de acolher algo que lhe é dado e que moldará seu ser e seu agir, a tal ponto que isto lhe permitirá ser reconhecido.

2.2.6. A identificação dos ramos com os discípulos

5a   ἐγώ εἰμι ἡ ἄμπελος,

5b   ὑμεῖς τὰ κλήματα.

> *"Eu sou a videira, vós os ramos."*

Novamente temos a autorrevelação de Jesus, e agora também a identificação dos discípulos (τὰ κλήματα *"os ramos"*). As fórmulas de revelação (ἐγώ εἰμι *"eu sou"*), além de sua forte relevância teológica em referência à revelação do nome divino de Ex 3,14, funcionam também como frases do duplo amém, "que hoje em dia apareceriam no texto em negrito ou num quadrinho, para a gente decorar".[64] As duas orações são mostradas em coordenadas simétricas perfeitas, em que a diferença do v. 1 se mostra

---

[64] KONINGS, J. *Evangelho segundo João*, p. 23. Alhures estas frases aparecem com um predicativo e funcionam como "títulos" ou frases de efeito: "Eu sou o pão da vida" (Jo 6,35.(41).48.(51) Ἐγώ εἰμι ὁ ἄρτος τῆς ζωῆς); "*Eu sou a luz do mundo*" (Jo 8,12 Ἐγώ εἰμι τὸ φῶς τοῦ κόσμου); "*Eu sou a porta das ovelhas*" (Jo 10,7 ἐγώ εἰμι ἡ θύρα τῶν προβάτων); "*Eu sou o bom Pastor*" (Jo 10,11.14 Ἐγώ εἰμι ὁ ποιμὴν ὁ καλός); "*Eu sou a ressurreição e a vida*" (Jo 11,25 Ἐγώ εἰμι ἡ ἀνάστασις καὶ ἡ ζωή; "*Eu sou o caminho, a verdade e a vida*" (Jo 14,6 Ἐγώ εἰμι ἡ ὁδὸς καὶ ἡ ἀλήθεια καὶ ἡ ζωή). Cada uma com seu peso teológico e semântica própria.

pela falta da conjunção καί, sendo, então, assindéticas.[65] Falta também a cópula verbal em 5b e o adjetivo ἡ ἀληθινή ("*a verdadeira*") em 5a. As características destas orações as distinguem do contexto, onde antes e depois se encontram orações condicionais.

Depois de uma preparação na qual foram feitas indicações sobre o ramo, chega o momento em que tudo que foi escutado sobre o ramo deve ser aplicado ao discípulo. Aqui, o ouvinte precisa de uma pausa, porque deverá retomar, mesmo que rapidamente, o já dito. O texto lhe permite retomar porque repete praticamente, em resumo, o que foi dito.

O *mashal* da videira e dos ramos é uma analogia "nova e original" em relação aos vários paralelos orientais.[66] A novidade está, sobretudo, em Jesus usar como elemento de revelação a identificação com a videira do AT. É por isso que esta afirmação não é aceita somente como alegoria, pois não é próprio do gênero alegórico ser precedido pelo ἐγώ εἰμι ("*eu sou*").[67] Por outro lado, ao identificar os discípulos com "ramos", acentua a total e irrestrita dependência que eles têm dele, a videira. Só haverá discípulo quando a permanência nele for a escolha fundante da vida.

2.2.7. Condição para produzir fruto

5c   ὁ μένων ἐν ἐμοὶ

5d   κἀγὼ ἐν αὐτῷ

5e   οὗτος φέρει καρπὸν πολύν,

5f   ὅτι χωρὶς ἐμοῦ οὐ δύνασθε ποιεῖν οὐδέν.

---

[65]   "A composição de um período em membros desligados produz um efeito muito mais vivaz de quanto não faça a forma frasal propriamente dita." (BLASS, F.; DEBRUNNER, A. *Grammatica del Greco del Nuovo Testamento*, §494)

[66]   Cf. BEHM, J. κλῆμα. In: KITTEL, R. (ed.). *GLNT* (vol. V), col. 582.

[67]   Cf. BULTMANN, R. *Das Evangelium des Johannes*, 406-407.

"Aquele que permanece em mim e eu nele, este produz muito fruto, pois sem mim não podeis fazer nada."

A oração 5cd testemunha mais uma vez a fórmula da imanência recíproca. Como no v. 4cdef, também aqui se tem a correspondência entre "permanecer" e "produzir fruto". Não se encontra aqui um período hipotético verdadeiro e próprio,[68] mas fica claro que 5cd funcionam como a prótase e 5e como a apódose. O sintagma ἀφ' ἑαυτοῦ (*"por si mesmo"*4c) e o χωρὶς ἐμοῦ (*"sem mim"* 5f) se reforçam reciprocamente na concepção da dependência total devido à radical insuficiência do ramo e do discípulo de produzirem frutos. Este período é articulado com referências internas de forma antitéticas: ao ἐν ἐμοὶ (*"em mim"*) corresponde o χωρὶς ἐμοῦ (*"sem mim"*), e ao καρπὸν πολύν (*"muito fruto"*) corresponde o οὐδέν (*"nada"*). Isto expressa bem o estilo do EvJo, no qual é dado espaço largo às antíteses, "simbolismo bipolar":[69] luz/trevas, vida/morte, do alto/daqui, verdadeiro/mentiroso.

A oração 5f traz uma frase explicativa que é o golpe de misericórdia sobre qualquer pretensão fora ou independente de Jesus de produzir fruto: ὅτι χωρὶς ἐμοῦ οὐ δύνασθε ποιεῖν οὐδέν (*"porque sem mim não podeis fazer nada"*). Como Jesus, que é o Filho, "não pode fazer nada por si mesmo" (Jo 5,19.30), por ter o ser da relação com o Pai, assim também a fecundidade do discípulo é essencialmente fruto da relação com Cristo.

O *mashal* da videira enuncia duas vezes de forma conclusiva a dependência dos discípulos em relação a Jesus. A primeira é a expressão usada no âmbito metafórico da impossibilidade de produzir frutos por si mesmo: τὸ κλῆμα οὐ δύναται καρπὸν φέρειν ἀφ' ἑαυτοῦ (*"o ramo não pode produzir fruto por si mesmo"*4c); que tem como contraparte, em nível real, a afirmação "ὅτι χωρὶς ἐμοῦ οὐ δύνασθε ποιεῖν οὐδέν" (*"porque sem mim não podeis fazer nada"* 5f). Atendo-se, porém, à relação videira/Jesus e ramos/

---

[68] Pois se exige a presença de indicativos textuais (BLASS, F.; DEBRUNNER, A. *Grammatica del Greco del Nuovo Testamento*, § 371–376)

[69] KONINGS, J. *Evangelho segundo João*, p. 21.

discípulos, o sintagma ἀφ' ἑαυτου não tem uma correspondente direta em nível real. O que leva a reter que ela pode ser retomada com toda a sua expressividade joanina também no âmbito real dos discípulos, haja vista que várias vezes os horizontes se fundem. O que seria esse "por si mesmo"?

No contexto da cura do paralítico na piscina de Betesda, é dito que οὐ δύναται ὁ υἱὸς ποιεῖν ἀφ' ἑαυτοῦ οὐδέν ("*não pode o Filho fazer nada por si mesmo*" Jo 5,19). Fala da dependência que Jesus tem do Pai na sua missão; essa dependência ele a expressa em tudo que faz. Indica também que o Filho tem à sua disposição uma fonte para o dinamismo do seu poder e para as dimensões do seu agir; tudo é regulado pelo ser do Pai: como o Pai faz, Jesus também faz.

Outra passagem iluminadora é Jo 7,18. Os judeus estão maravilhados que ele saiba letras sem ter estudado. Jesus diz ὁ ἀφ' ἑαυτοῦ λαλῶν τὴν δόξαν τὴν ἰδίαν ζητεῖ ("*quem fala por si mesmo, procura sua própria glória*"). De novo é sua relação com o Pai que é evidenciada, pois ele busca a glória daquele que o enviou. Não só na ação ele depende do Pai, como vimos antes, mas também no que fala ensinando.[70]

O entendimento da perícope da videira ganha novo horizonte. Não poder fazer por si mesmo, referente aos ramos/discípulos, além da limitação, indica o muito que podem na relação com Jesus. Ou seja, se de um lado coloca um limite intransponível na autossuficiência, por outro lado potencializa a capacidade da existência dependente. Isso é extraordinário![71]

Se comumente a dogmática é descrita com indicativos e a moral com imperativos; ou a mística como comunhão e a ascética

---

[70] Nem Caifás falou "ἀφ' ἑαυτοῦ" ao profetizar a morte de Jesus (Jo 11,51); nem o Espírito Santo falará "ἀφ' ἑαυτοῦ", mas do que tiver escutado (cf. Jo 16,13).

[71] Sobre a relevância deste sintagma para o processo de construção do discípulo, ver Capítulo 4.

com a exortação a agir;[72] o que dizer quando o imperativo chama em causa a dogmática e a mística? Pois o verbo permanecer "indica em João o definitivo e duradouro da relação com Jesus fundada na fé".[73]

O diferencial da relação dos discípulos no EvJo é que a relação não é com a comunidade fundada por Jesus, ou com a memória dos seus escritos, mas com ele mesmo. Não é a força dos ensinamentos de Jesus nem o afã de passar adiante sua memória, mas a presença dele é que dá suporte para o ser e o agir do discípulo.

2.2.8. Consequências da não permanência em Cristo

6a   ἐὰν μή τις μένῃ ἐν ἐμοί,

6b   ἐβλήθη ἔξω

6c   ὡς τὸ κλῆμα

6d   καὶ ἐξηράνθη

6e   καὶ συνάγουσιν αὐτὰ

6f   καὶ εἰς τὸ πῦρ βάλλουσιν

6g   καὶ καίεται.

> *"Caso alguém não permaneça em mim, é jogado fora, como o ramo, e é secado e os juntam e para o fogo jogam e é queimado."*

Mais uma vez encontramos um período hipotético. Ele está em claro paralelismo antitético com 5c: ὁ μένων ἐν ἐμοί (*"aquele*

---

[72]   Esta convenção é, sobretudo, desenvolvida a respeito das cartas de Paulo, sem parâmetros rígidos (cf. DUNN, J. D. G. *A teologia do apóstolo Paulo*, p. 704-705).

[73]   BLANK, J. *El Evangelio según San Juan*, p. 144.

que permanece em mim") / 6a: ἐὰν μή τις μένῃ ἐν ἐμοί (*"se alguém não permanece em mim"*). Há um rompimento da expectativa do movimento do texto. Se o permanecer leva a produzir muito fruto, o não permanecer deveria ter como consequência a não produção de fruto. Acontece algo novo. Com uma sequência de verbos coordenados com tom até monótono – o que chama a atenção do ouvinte-leitor – vem indicado o desfecho de quem faz a escolha de não permanecer em Jesus. É mesmo incrível como o autor conseguiu transferir para o texto a dramaticidade do fato possível. Ele usa cinco verbos para expressar a consequência na condição de não permanecer (6a): dois aoristos passivos, (ἐβλήθη[74] e ἐξηράνθη *"é jogado"* e *"é secado"*) três presentes (συνάγουσιν, βάλλουσιν e καίεται – *"juntam"* e *"jogam"* *"é queimado"*), sendo que o último é passivo.

Outro elemento textual que remarca o caminho do fracasso é o encadeamento das ações verbais pela sequência de quatro καί (*"e"*), sendo que o último está ligado a um verbo cuja inicial dá a percepção no ouvinte da repetição: καὶ καίεται (*"e é secado"*). Embora seja usada a preposição καί, há ideia clara de consecução nas ações; há um crescendo até o ponto final, quando o ramo é queimado, que é o "clímax ascendente".[75] O sujeito que sofre a ação dos dois verbos passivos (ἐβλήθη e ἐξηράνθη – *"é jogado"* e *"é secado"*) se torna o objeto dos dois verbos impessoais (συνάγουσιν e βάλλουσιν – *"juntam"* e *"jogam"*) e, finalmente, o sujeito que sofre a última ação: *"é queimado"*. Embora o ouvinte-leitor já tivesse sido preparado pelo αἴρει αὐτό (*"ele o retira"*) de 2b para esse desenlace, lá, porém, falava ainda em metáfora, aqui fala da realidade possível para *alguém* (τις). Encontra-se entre a metáfora e a realidade: o que acontece com o ramo que não produz fruto, *mutatis mutandis*, acontece com aquele que não permanece em Jesus.

---

[74] Aoristo gnômico, ou seja, uma "ação válida em todo tempo" (BLASS, F.; DEBRUNNER, A. *Grammatica del Greco del Nuovo Testamento*, §333.1; Cf. BROWN, R. E. *The Gospel according to John*, p. 661).

[75] GIURISATO, G. Struttura e messaggio di Gv 15,1-8, p. 699.

Se aceitarmos que a metáfora é a realidade tornada imagem, seria permitido decodificar as imagens em conceitos teológicos? Qual é o limite?

O v. 6, com sua construção em que abundam os verbos e cansa na repetição da conjunção καί, transmite uma mensagem forte de juízo. Na expressão ἐβλήθη ἔξω ὡς τὸ κλῆμα ("*é jogado fora como o ramo*") faz referência a 2b, na qual o agricultor αἴρει ("*retira*") o ramo não produtivo.

Aqui há uma dimensão da escatologia futura em João.[76] A disposição sintática do texto mostra também uma intenção semântico-teológica. Há um desfecho para quem escolher não permanecer na videira, que em última análise é decidir não se tornar discípulo. "João recolhe a linguagem tradicional do juízo incorporando-o à sua visão: a separação de Jesus, ou seja, a incredulidade provoca o juízo".[77] É certo que não há elementos suficientes "para identificar os ramos mortos com descrentes judeus ou os cristãos apóstatas",[78] mas o texto indica ao ouvinte-leitor que esta palavra é passível de encontrar gancho em possíveis escolhas. Não é à toa que o conjunto textual dos capítulos 13–17 do EvJo são acompanhados pela sombra de Judas.[79]

O AT usa profusamente o fogo como instrumento para indicar o juízo da ira divina.[80] "Em conformidade com todo o AT, o fogo é comumente usado, sobretudo, como imagem do juízo divino";[81] mas foi sobretudo na escatologia da apocalíptica judaica que o fogo adquiriu sua importância.[82] O texto não permite interpretá-los como "suplícios eternos", mas são claramente

---

[76] Bultmann fala de acréscimos do "redator eclesiástico".

[77] BLANK, J. *El Evangelio según San Juan*, p. 145.

[78] LINDARS, B. *The Gospel of John*, p. 488.

[79] Cf. Jo 13,3.11.18-30; 17,12. Mais que os outros Evangelhos, o EvJo destaca os pontos negativos de Judas.

[80] Veja Jr 4,4; 5,14; 21,12.36; 22,21.31; 38,19; Am 1,4.7.10.12.14; 2,2.5; Os 8,14; Ez 15,7; 16,41; 24,9; Sf 1,18; 3,8; Na 1,6; Sl 79,5; 89,47.

[81] LANG, F. πῦρ. In: KITTEL, R. (ed.). *GLNT* (vol. XI), col. 858.

[82] Ibid., col. 847.

indicação do juízo divino.[83] O fogo tem três funções básicas: queimar, iluminar e aquecer. A primeira, que é relevante neste contexto, é usada nos textos proféticos para referir-se ao juízo de Deus. Ademais, "no AT o fogo é visto em modo totalmente teocêntrico, qual forma descritiva da misteriosa, impossível de se aproximar, terrível e beatificante glória de YHWH no processo revelador e qual instrumento e imagem constante da sua disposição de juiz".[84]

Como já foi sinalizado antes, Ez 15,1-8 usa o fogo como instrumento do juízo. O texto de Ezequiel está na base de outros ditos de Jesus, pois o ponto central é que de uma videira se espera frutos, sua madeira não serve para nada, a não ser para o fogo. Pergunta o profeta: "toma-se dela madeira para fazer alguma obra?" (Ez 15,3). Absolutamente. Por isso, no entender do profeta, Israel fora da relação fiel com o Senhor cai na inutilidade. É fácil transportar este princípio hermenêutico para o texto do EvJo sobre a videira. Ele mostra a inutilidade do ramo fora da videira: não serve para nada, só para ser jogado no fogo (εἰς τὸ πῦρ βάλλουσιν 6f).

Na passagem para o NT, o conteúdo da metáfora nos sinóticos é sempre o juízo escatológico, em João se deve pensar ao juízo que já se cumpre na presente escolha de fé, que é também escatológico.[85] Também "no NT o fogo desenvolve um papel essencial enquanto pena escatológica".[86] Este v. 6, lido no conjunto da Escritura, faz eco da fala de João Batista em Lc 3,9: πᾶν οὖν δένδρον μὴ ποιοῦν καρπὸν καλὸν ἐκκόπτεται καὶ εἰς πῦρ βάλλεται (*"toda árvore que não produz fruto bom é arrancada e jogada no fogo"*). O "fruto bom" lembra as "uvas boas" de Is 5,2. O EvJo,

---

[83] Cf. BOISMARD, M.-É.; LAMOVILLE, A. *L'Évangile de Jean*, p. 369: "O fogo não simboliza aqui os suplícios eternos, mas a destruição que espera aqueles que recusam agir de acordo com a palavra de Deus".

[84] LANG, F. πῦρ. In: KITTEL, R. (ed.). *GLNT* (vol. XI), col. 847.

[85] Cf. BULTMANN, R. *Das Evangelium des Johannes*, p. 413-414. LANG, F. πῦρ. In: KITTEL, R. (ed.). *GLNT* (vol. XI), col. 858.

[86] LANG, F. πῦρ. In: KITTEL, R. (ed.). *GLNT* (vol. XI), col. 862.

porém, prevê a retirada dos ramos não produtivos, não o corte da videira. "Jesus não está falando sobre a punição eterna, tudo que está dizendo é que o discípulo que deixa o seguimento dele se torna inútil."[87] Estamos em um contexto metafórico, o que torna sempre devedoras de grande atenção as conclusões teológicas. Não é indiferente às escolhas de permanecer ou não em Jesus, de crer ou não nele. Se *alguém* (τις v. 6a) não permanecer, *como* (ὡς v. 6c) os ramos não produtivos não permanecem na videira, serão inúteis e inutilizados.

2.2.9. *Frutos da permanência em Jesus*

7a ἐὰν μείνητε ἐν ἐμοὶ

7b καὶ τὰ ῥήματά μου ἐν ὑμῖν μείνῃ,

7c ὃ ἐὰν θέλητε αἰτήσασθε[88],

7d καὶ γενήσεται ὑμῖν.

> *"Caso permaneçais em mim e as minhas palavras permaneçam em vós, o que quiserdes, pedi e acontecerá para vós."*

Neste período tanto a prótase (Jo 15,7ab) quanto a apódose (Jo 15,7cd) são formadas por orações coordenadas. A oração 7ab é uma nova cara da "fórmula da imanência recíproca": ἐὰν μείνητε ἐν ἐμοὶ / τὰ ῥήματά μου ἐν ὑμῖν (*"se permanecerdes em mim / as minhas palavras em vós"*). Em Jo 15,7a a prótase é positiva, o que é fato novo na perícope (cf. Jo 15,4d.4f.6a). Mais uma vez o autor deixa a marca do estilo meticuloso da construção do texto, invertendo o verbo e o advérbio de lugar: μείνητε ἐν ἐμοὶ

---

[87] LINDARS, B. *The Gospel of John*, p. 489.

[88] O imperativo é uma leitura de B; ℵ e Q têm a leitura de futuro "pedirá". O sentido deste versículo é similar ao de 14,13. Cf. LINDARS, B. *The Gospel of John*, p. 489.

("*permanecei em mim*") / ἐν ὑμῖν μείνῃ ("*em mim permaneça*") / Há aqui outro fato novo: a prótase que mantém a mesma insistência de permanecer não possui na apódose o produzir frutos, mas a escuta do pedido. O autor indica que a conveniência de permanecer em Jesus não é só – o que já seria muito – produzir frutos para a glória do Pai (cf. v. 8bc), mas há uma incondicional abertura para pedir e a segurança em receber.

Aqui a prótase é positiva ἐὰν μείνητε ἐν ἐμοὶ καὶ τὰ ῥήματά μου ἐν ὑμῖν μείνῃ ("*se permanecerdes em mim e minhas palavras permanecerem em vós*" Jo 15,7ab); dada esta condição, o discípulo estabelece uma garantia dada por Jesus: a realização do que for desejado.

Nota-se que a prótase, que expressa a condição, é somente uma redação diferente da fórmula da imanência recíproca, sendo que o segundo membro é τὰ ῥήματά μου. O mesmo que foi dito para a palavra proferida por Jesus que faz os discípulos "limpos" (Jo15,3b διὰ τὸν λόγον ὃν λελάληκα ὑμῖν "*por causa da palavra que vos falei*"), pode ser afirmado aqui (v. 7b τὰ ῥήματά μου "*as minhas palavras*").[89] Em última análise, é a permanência do próprio Jesus/Palavra no discípulo que leva ao cumprimento da condição.

A segurança do atendimento na oração funciona como um refrão no discurso de despedida. Marta sabe que o que Jesus pedir a Deus ele dará (Jo 11,22 ὅτι ὅσα ἂν αἰτήσῃ τὸν θεὸν δώσει σοι ὁ θεός "*pois tudo que tu peças a Deus, Deus de dará*"). É neste caminho aberto por Jesus que o discípulo encontra o viés da sua "autoridade" no pedir. Os textos que tratam desta prontidão em ser atendido (Jo 14,13.14; 15,16; 16,23.24.26) frisam que são sempre pedidos feitos ἐν τῷ ὀνόματί μου ("*no meu nome*"). Não é tão relevante que seja o Pai ou o próprio Jesus a atendê-lo, mas

---

[89] Kleinknecht define ῥῆμα como "palavra enquanto vontade expressa" (KLEINKNECHT, H. λέγω, λόγος, ῥῆμα, λαλέω. In: KITTEL, R. (ed.). *GLNT*, col. 227). Kittel conclui que "o plural indica, às vezes, todas as palavras de Jesus, sua mensagem inteira" (KITTEL, G. λέγω, λόγος, ῥῆμα, λαλέω. In: KITTEL, R. (ed.). *GLNT*, col. 296).

indicar que se faça no nome de Jesus, quer dizer, na sua pessoa, através da comunhão profunda com ele, ou seja, do estar permanecendo nele, é fundamental. Vê-se que não é algo mágico, mas extremamente exigente. Os discípulos de Jesus, permanecendo nele, terão também seus pedidos sempre escutados. Se a relação dos discípulos com Jesus está em tão estreita relação com a intimidade de Jesus com o Pai, e o Pai realiza suas obras em Jesus, não será estranho ao EvJo que se conclua que a segurança da escuta está no fato de Jesus morar nos discípulos.

Ademais, essa ideia é reforçada pelo fato da imanência recíproca ser o pressuposto indicado (7ab). Notemos, porém, que o cumprimento da oração não consiste no cumprimento de desejos mundanos arbitrários; como esclarece 1Jo 5,15, "sabemos que possuímos o que havíamos pedido", ou seja, naquele que permanecer em Cristo a própria oração já é o atendimento. Pede-se que se tenha o que já nos foi dado, que seja o que em Cristo fomos feitos.[90] Alguém que é sempre escutado sabe não ser mais ele que vive, mas Cristo que vive nele. O Pai escuta sempre Jesus (Jo 11,42: ἐγὼ δὲ ᾔδειν ὅτι πάντοτέ μου ἀκούεις "*pois eu sabia que sempre me ouves*"), se alguém é sempre escutado é porque é Cristo que pede nele, ele conformou sua súplica à do Filho, sua vontade está adequada à do Filho.

Contrariaria isso a experiência? Aqui precisa distinguir o cumprimento ou não da condição, o nível do atendimento. A condição é permanecer "ἐν ἐμοί"; o que pressupõe a total disposição à vontade do Pai. Portanto, em um nível superficial, veríamos que nem sempre o discípulo tem atendidos seus desejos; mas em um nível profundo a vontade de Jesus é sempre feita nele, enquanto a vontade do Pai se tornou também o alimento do discípulo.

---

[90]   Cf. BULTMANN, R. *Teologia do Novo Testamento*, p. 524.

2.2.10. Desfecho da metáfora

8a   ἐν τούτῳ ἐδοξάσθη ὁ πατήρ μου,

8b   ἵνα καρπὸν πολὺν φέρητε

8c   καὶ γένησθε[91] ἐμοὶ μαθηταί.

> *"Nisto é glorificado o meu Pai: que produzais muito fruto e torneis meus discípulos."*

A oração principal (Jo 15,8a) abre o período. A ela estão ligadas duas orações coordenadas com equivalência sintática e semântica. A conjunção ἵνα tem valor declarativo,[92] ou mesmo explica o que é o ἐν τούτῳ (*"nisso"*). A glorificação do Pai se dá com duas ações imbricadas uma na outra: produzir frutos (linguagem metafórica) e ser discípulo de Jesus (linguagem conceitual). Sendo que o conjunto da perícope insiste que este feliz desfecho só é possível *"se permanecerdes em mim"* (ἐὰν μείνητε ἐν ἐμοὶ Jo 15,7c). Glorificar o Pai é realizar o seu querer profundo.

---

[91]   Cf. LINDARS, B. *The Gospel of John*, p. 490. O texto traz a forma no subjuntivo (B, D, L, Q e talvez papiro 66): "A glória do Pai é revelada deste modo, que vós produzais muito fruto e, portanto, provais ser meus discípulos". Há a forma variante futura (X e A): "quando a glória do Pai é revelada nisso que vós produzis muito fruto, e tornareis ao mesmo tempo meus discípulos". Cf. DE LA POTTERIE, I. L'emploi du verbe "demeurer" dans la mystique johannique, p. 850 (cf. P. 854). Este autor insiste sobre a forma futura do verbo, tirando até mesmo conclusões teológicas: "indica que eles ainda não são [discípulos], pois a promessa é formulada ao futuro e que sua realização depende de uma condição (se...): a palavra que 'permanece em' o discípulo requer dele um aprofundamento de sua fé".

[92]   ZERWICK, M.; GROSVENOR, M. *A Grammatical Analysis of the Greek New Testament*. Rome, 1981. p. 332. Admitimos com Brown que o ἵνα é epexegético de 'τούτῳ' (cf. BROWN, R. E. *The Gospel according to John*, p. 662).

À perícope não interessa descrever o que seria produzir frutos, dado que não é este o ponto principal, nem sequer a condição para ser discípulo. O produzir frutos e o ser discípulo estão sintática e semanticamente no mesmo nível. "Que produzais muito fruto" (Jo 15,8b) "e torneis meus discípulos" (Jo 15,8c) não são realmente duas diferentes ações. Mostra-se ser discípulo pelos muitos frutos, mas os frutos só são possíveis naquele que é discípulo, naquele que permanece em Jesus. O autor constrói as orações invertendo o verbo e os outros elementos: καρπὸν πολὺν φέρητε / γένησθε ἐμοὶ μαθηταί (*"produzirdes muito fruto / tornardes meus discípulos"*). Com isso indica que é a mesma coisa dita em linguagem metafórica da relação dos ramos com a videira (produzir frutos), das pessoas com Jesus (tornar-se discípulo).[93]

Como já foi observado antes, a perícope da videira justapõe constantemente, sem confundir, o nível real e o metafórico, dando ao ouvinte-leitor não só uma explicação conceitual, mas, concomitantemente, uma imagem plástica da mensagem vinculada; aliás, a imagem é mensagem, é conceito a ser decodificado.

Quando se trata do desfecho da perícope, encontramos a indicação em nível metafórico do produzir muitos frutos, e no nível real do tornar-se discípulo. O elemento metafórico traz para o conceito real do tornar-se discípulo toda a tradição veterotestamentária e a concretude da imagem sempre simples e comunicativa da videira cheia de frutos, alegrando o agricultor que dela cuida.

A forma passiva ἐδοξάσθη[94] (*"foi glorificado"*) não indica quem dá glória, mas a ocasião em que isto acontece; muito embora haja relação entre tornar-se discípulo e dar glória. O

---

[93] Cf. BLASS, F.; DEBRUNNER, A. *Grammatica del Greco del Nuovo Testamento*, § 442, 6a. Atendo-se a este resultado semântico, pode-se inferir que, sintaticamente, o καί que une 8b e 8c se trata de um καί *epexegeticum* ou *explicativum*, cuja melhor tradução seria "e assim". Este elemento não é estranho ao EvJo. Cf. Jo 1,16.20 e também 1Jo 3,4.

[94] Das 61 recorrências no NT, 21x estão no EvJo; sendo 6x a mesma forma verbal da nossa perícope: 7,39 (Jesus); 12,16 (Jesus); 13,31.32 (Jesus e Deus nele); 15,8 (o Pai). As duas primeiras estão ligadas à ressurreição de

destinatário é ὁ πατήρ μου (*"o meu Pai"*). Ser glorificado é ser reconhecido (cf. Jo 11,4 com 11,42).

O texto central para entender o que vem a ser glorificar o Pai está em Jo 17,4: ἐγώ σε ἐδόξασα ἐπὶ τῆς γῆς τὸ ἔργον τελειώσας ὃ δέδωκάς μοι ἵνα ποιήσω. (*"eu te glorifiquei sobre a terra, tendo concluído a obra que me deste para que eu a realizasse"*). Jesus glorificou o Pai porque "finalizou a obra que lhe foi dada", sua missão de salvar o mundo (ἵνα σώσω τὸν κόσμον *"para que salve o mundo"* Jo 12,47; cf. 8,54), manifestando o "nome" do Pai (Jo 17,6). A glorificação de Jesus é feita pelo Pai quando lhe permite cumprir sua missão (cf. Jo 17,1.5; 11,4); mas quando Jesus cumpre sua missão isso redunda em glorificação do Pai (Jo 12,28; cf. 14,13). O Espírito também glorifica Jesus quando este anuncia o que é dele (ἐκ τοῦ ἐμοῦ *"do que meu"* Jo 16,14). Esses textos mostram que a glorificação fica, basicamente, restrita ao Pai e Jesus. Ao lado, porém, do v. 8 da perícope da videira, que fala de o Pai ser glorificado pelo "produzir frutos", ou o tornar-se discípulos do Filho, há um outro texto importante para ajudar a entender a possibilidade de o Pai receber glória pelos discípulos; o texto diz de Jesus: *"fui glorificado neles"* (δεδόξασμαι ἐν αὐτοῖς Jo 17,10). Nos discípulos, aos quais foi manifestado o "nome" e não são do mundo, neles Jesus é reconhecido. Ora, este mesmo dinamismo se dá na relação com o Pai, pois dar glória ou glorificar "não significa dar a Deus algo que lhe falte, mas preferencialmente reconhecer o que lhe é próprio".[95] Ὁ καρπὸν πολὺν φέρητε (*"produzireis muito fruto"* Jo 15,8b) indica de que modo o Pai é reconhecido, é glorificado "pelo reconhecimento rendido através das obras".[96]

O discípulo está glorificando o Pai pelo fato de ser discípulo, ou seja, ao reconhecer com todas as suas consequências a importância do agir em função da plena gratidão. É preciso que o

---

Jesus. Em 13,31 a glorificação se dá pelo encaminhamento da exaltação de Jesus na cruz.

[95] KITTEL, G. δόξα. In: KITTEL, R. (ed.). GLNT, col 1377.

[96] Ibid., col 1385.

discípulo, ou melhor, o que se torna discípulo tenha percebido o universo novo de suas ações, sua relação com Jesus e com o Pai.

Como *"ninguém jamais viu a Deus"* (θεὸν οὐδεὶς ἑώρακεν πώποτε Jo 1,18), senão o μονογενὴς (*"unigênito"*), também seu ser só é acessível pelo Filho. As ações do Filho é que são capazes de manifestar a glória do Pai.

Admitindo que no AT "não está excluído que se usasse *kabod* (*'glória'*) como definição de quanto na divindade caísse sob os sentidos",[97] ou seja, "a essência divina na sua forma visível",[98] a glória é, portanto, a manifestação da santidade. Quando passamos ao NT, "o termo δόξα (*'glória'*) se refere em modo específico à particular natureza divina".[99] Deus tem em si a glória, reconhecê-la é glorificá-la. Por isso todo o agir de Jesus glorifica o Pai, pois ele nada faz ἀφ᾽ ἑαυτοῦ (*"por si mesmo"*); o agir na dependência é glorificação. No caso de Jesus, a glorificação do Pai é seu escopo final (Jo 13,31; 14,13; 17,1ss). Em tensão com os judeus que recebem δόξαν παρὰ ἀλλήλων (*"glória uns dos outros"* Jo 5,44), Jesus recebe do Pai seu testemunho, pois já na Escritura deu testemunho dele (cf. Jo 5,37s). Se Israel o recusa, Moisés se torna o acusador πρὸς τὸν πατέρα (*"diante do Pai"* Jo 5,45). "Toda a história da salvação é ancorada no mais íntimo liame entre Pai e Filho. É este o fulcro do querigma joanino."[100] O discípulo deve fazer como Jesus faz na sua relação com o Pai. A vontade do Pai guia o Filho e é a força que conduz o evento salvífico. O Filho vive só em função do Pai.[101] Não há como ser discípulo sem esta dependência, pois o discípulo se define por glorificar o Pai (ou Jesus); ser autossuficiente é buscar a própria glória (cf. Jo 7,18; 8,50).

---

[97] RAD, G. von. δόξα. In: KITTEL, R. (ed.). *GLNT* (vol. II), col. 1363.

[98] Ibid., col. 1376.

[99] KITTEL, G. δόξα. In: KITTEL, R. (ed.). *GLNT* (vol. II), col. 1384.

[100] SCHRENK, G. πατήρ. In: KITTEL, R. (ed.). *GLNT* (vol. IX), col. 1262.

[101] Cf. RENGSTORF, K. H. μαθητής. In: KITTEL, R. (ed.). *GLNT* (vol. VI), col. 1262.

A glorificação do Pai pelo discípulo se dá quando ele, permanecendo em Jesus, vive a partir da vida que vem dele, vive da palavra dele; sabendo que a palavra de Jesus não é dele, enquanto fonte, mas é do Pai. Quando o movente de fundo do discípulo for o mesmo de Jesus, então o Pai é glorificado.

Ampliando o horizonte para o conjunto da compreensão joanina do discipulado, pode-se traçar um grande mapa comparativo ressaltando elementos que sobressaem no EvJo.

No EvJo, naquilo que corresponderia ao início da vida pública de Jesus nos sinóticos, está que alguns discípulos de João Batista vão atrás de Jesus (Jo 1,35-39). Este fato está em paralelo com os primeiros chamados nos sinóticos. Mesmo naquele contexto tão tradicional, já é deixada pelo autor do EvJo sua marca ao dizer que os discípulos foram e permaneceram com ele (Jo 1,39: ἦλθαν οὖν καὶ εἶδαν ποῦ μένει καὶ παρ᾽ αὐτῷ ἔμειναν "*foram e viram onde ele permanecia e permaneceram com ele*"). O que marca o específico do EvJo é o nível da comunhão e o modo de concretizá-la. Atendo-se à metáfora da videira para entender o ser discípulo, o ouvinte-leitor, a esta altura do escrito, se dá conta de que a seiva que lhe permitirá viver como discípulo vem da videira, e somente dela; é na união com Jesus que o discípulo glorifica o Pai.[102] Ou seja, qualquer outra tentativa, ou qualquer ação que não siga a regra da videira-ramos não é apropriada para o discípulo de Jesus.

No EvJo a dependência radical dos discípulos é justificada, antes de tudo, pelo chamado de Jesus: οὐχ ὑμεῖς με ἐξελέξασθε, ἀλλ᾽ ἐγὼ ἐξελεξάμην ὑμᾶς ("*não fostes vós que me escolhestes, mas fui eu que vos escolhi*" Jo 15,16). Para ser verdadeiramente discípulo é preciso permanecer na palavra (Jo 8,31: Ἐὰν ὑμεῖς μείνητε ἐν τῷ λόγῳ τῷ ἐμῷ, ἀληθῶς μαθηταί μού ἐστε "*se permanecerdes na minha palavra, sois verdadeiros discípulos meus*"), se ater às suas ἐντολαί (Jo 13,14s; 14,15ss; 15,10ss). O discípulo passa de δοῦλος a φίλος ("*servo*", "*amigo*") Jo 15,14ss. Notamos que Jesus está sempre na posição de quem guia, ordena, ensina.

---

[102] BLANK, J. *El Evangelio según San Juan*, p. 146.

A comunhão com ele não está no nível da paridade. Tudo na vida do discípulo é em dependência de Jesus. "Visto que Jesus se encaminha para a cruz, a entrada na comunhão com ele como seu μαθητής ("*discípulo*") tem por consequência a obrigação do sofrimento [...]. O discípulo deve estar pronto a sofrer se quer segui-lo. Somente a força da páscoa pode explicar a alegre prontidão para o sofrimento que os discípulos de Jesus mostraram desde o princípio e, depois, ao longo da história."[103]

Há no EvJo uma estreita relação entre discípulo e fé (Jo 2,11; 20,24-29). Em Jo 6,60ss, onde se distanciar de Jesus significa não crer nele e, como tal, marca o fim da pertença ao grupo dos discípulos.[104]

Do ponto de vista do fiel, o tornar-se discípulo é o resultado de vários passos dados. A própria expressão "tornar-se" indica um fato dinâmico, um antes "não discípulo" e um novo sujeito que surge: "o discípulo". Supõe a aceitação da condição colocada: permanecer em Jesus. O discípulo é algo novo no cenário: ele glorifica o Pai, permanece na videira, portanto, produz muito fruto. Ele está convencido existencialmente de que fora desta relação nada que se faça pode ter valor salvífico. O discípulo nasce na relação com Jesus, mas ele se mostra tal no amor recíproco: ἐν τούτῳ γνώσονται πάντες ὅτι ἐμοὶ μαθηταί ἐστε, ἐὰν ἀγάπην ἔχητε ἐν ἀλλήλοις ("*nisto todos conhecerão que sois meus discípulos, se tiverdes amor uns pelos outros*" Jo 13,35). "Produzir frutos e tornar-se discípulo não são duas coisas separadas";[105] isso a própria sintaxe indicou.

O discípulo tem que permanecer na palavra, no que lhe foi ensinado e na Pessoa que o ensinou. O Espírito assegura a presença sempre viva de Jesus na comunidade. O discipulado será sempre comunhão pessoal com Jesus, ele não pode ser substituído por ninguém nem por nenhuma instituição. O discípulo, por sua

---

[103] Cf. RENGSTORF, K. H. μαθητής. In: KITTEL, R. (ed.). *GLNT* (vol. VI), col. 1207-1209.

[104] Cf. SCHNACKENBURG, R. *El Evangelio según San Juan*, p. 137

[105] BARRETT, C. K. *The Gospel of John*, p. 475.

vez, não substitui Jesus, mas deve fazê-lo presente. Para quem segue Jesus, a condição de discípulo não é o início de uma promissora carreira, mas um cumprimento mesmo de seu destino.

Sem dúvida havia a possibilidade do equívoco do Cristianismo como mais uma corrente filosófica, daí o uso de μαθητής ("*discípulo*") não se ter firmado no ambiente grego como sinônimo de cristão, acabando por cair em desuso.[106]

Enfim, os horizontes da simbologia e da realidade tocam constantemente no texto. Na mesma afirmação há simbologia e realidade. Este é um elemento específico desta perícope ("eu sou a videira verdadeira"). Jesus admite que o Pai cuidará da videira. Poderia o Agricultor arrancar ou abandonar a Videira? Não. Não mais.

Parar no v. 8 seria uma exclusão da importância da práxis na vida cristã? Isso seria desfigurar o ser do discípulo, e não levar em conta a unidade da Escritura, que é o horizonte hermenêutico de cada texto bíblico. Por outro lado, o texto mesmo apresenta uma linha de prioridades, que vai na direção da relação com Cristo, que forma a ontologia mesma do discípulo. O ser discípulo não é uma decisão meramente ética, há uma ontologia a ser levada em conta; isto é o que se quis priorizar.

2.3. Função comunicativa do texto

Quais funções têm este texto para o ouvinte-leitor? Quais incentivos e impulsos para seu ser e seu agir e quais modelos o leitor do EvJo colhe para si? Enfim, qual o intento comunicativo do texto? Para quais problemas o texto indica resposta? Qual efeito se quer obter?

A perícope da videira deve ser lida no amplo contexto do "discurso de despedida", sabendo que "a despedida de Jesus não

---

[106] Cf. RENGSTORF, K. H. μαθητής. In: KITTEL, R. (ed.). *GLNT* (vol. VI), col. 1233. Só encontramos μαθητής nos Evangelhos, incluindo EvJo (233x) e nos Atos dos Apóstolos (28x).

é o tema, é o cenário e a atmosfera... O tema é nossa existência em união de amor com ele".[107] Ele responde sobre o definitivo eclesiológico: eu sou a videira (v. 1a, 5a); fala do primado absoluto da relação com Jesus (v. 4; v. 5); sobre como o ramo pode dar fruto, como o discípulo pode ser tal, glorificando o Pai (v. 8); responde sobre o triste desfecho de quem escolhe não permanecer em Jesus (v. 6), mas assegura o atendimento dos pedidos daquele que permanece (v. 7).

"Seu pensamento (do autor do EvJo) implica certo substrato de ideias, com as quais, na suposição do autor, os leitores podiam estar familiarizados. Até que ponto somos capazes de reconstruir este substrato?"[108] A própria obra dá os elementos para colher sua comunicação. O texto é composto com pontes que permitem ligar o ouvinte-leitor com sua intenção. O autor do EvJo se encarregou de deixar claro o objetivo da obra: "para que creiais que Jesus é o Cristo, o Filho de Deus, e para que, crendo, tenhais a vida em seu nome" (Jo 20,31). Ademais, "o autor vê seu ouvinte (ou leitor) como seu discípulo no processo da fé".[109]

Onde entra a perícope da videira como texto para auxiliar na consecução deste objetivo? Ou ela tem uma função própria, o que seria admitir sua posição deslocada da obra do EvJo?

No amplo contexto da despedida (cap. 13–17) são indicados os principais temas para a vida dos discípulos no mundo. A perícope da videira tem uma colocação estratégica, pois após o anúncio da partida de Jesus e do envio do paráclito (13,31–14,31), antes de introduzir o pesado tema do "ódio do mundo" (15,18–16,4a), fala sobre a fonte da qual o discípulo se sustenta; que é, em última análise, onde ele nasce e sobrevive: sua ligação vital com Jesus.

A metáfora da videira retoma uma linha forte de expressão da relação de Deus com seu povo. Ao lado da metáfora do esposo/esposa, esta é a mais comum no AT. O EvJo faz uso de uma

---

[107] KONINGS, J. *Evangelho de São João*, p. 254.

[108] DODD, C. H. *A interpretação do Quarto Evangelho*, p. 15.

[109] KONINGS, J. *Evangelho de São João*, p. 28.

e de outra. Nas bodas de Caná está a metáfora do esposo, aqui a da vinha/videira. O ouvinte-leitor sabe da história de cuidado do Senhor com sua vinha, mas não pode desconhecer o anúncio de juízo que acompanha tanto nos profetas (Isaías, Jeremias e Ezequiel) como no Sl 80.

No horizonte comunicativo dessa perícope, quatro pontos são destacados:

1. Função polêmica. Há um caminho desaconselhado; quem não permanecer será retirado (αἴρει αὐτό – *"ele o retira"* Jo 15,2b), secado, juntam, jogam ao fogo e é queimado (v. 6). Não se trata de adversários, mas de uma possibilidade da qual se deve manter distância. A pessoa que se propõe a ser discípulo é desautorizada a não permanecer; não permanecer é já ser submetido ao juízo, e o mais severo por sinal. Não permanecer e não crer; e *"quem não crê já está julgado"* (ὁ δὲ μὴ πιστεύων ἤδη κέκριται Jo 3,18). Há tensão entre oração sempre escutada, resultante da permanência nele, a secura dos ramos e destruição dos que não permanecem na videira/Jesus. É mais uma vez o quadro joanino da luz ou das trevas.

2. Função testemunhal. O contraste entre quem não permanece (v. 6) e quem permanece (v. 7) coloca diante do ouvinte-leitor as possibilidades. Os muitos frutos de uma vida fecunda dependem desta escolha. A escolha adequada, diante da proposta do texto, é a permanência na videira/Jesus, que leva à glorificação do Pai, tornando-se discípulo de Jesus. Há tensão despedida/permanência: aquele que está falando de sua partida exige dos seus, como condição exclusiva para o discipulado, a permanência nele; ele vai, mas devem permanecer nele.

3. Função hiperbólica: sem mim nada podeis fazer (χωρὶς ἐμοῦ οὐ δύνασθε ποιεῖν οὐδέν *"sem mim não podeis fazer nada"* Jo 15,5f). O que resta a quem pretende ser discípulo?

Toda possibilidade de se arranjar fora ou independente (ἀφ' ἑαυτοῦ *"por si mesmo"* Jo 15,4c) de Cristo lhe é excluída. Esse "nada", que é um conceito teológico mais que quantitativo, desautoriza, porém, qualquer pretensão autossuficiente. A pergunta que naturalmente surge é: "em que nível essa afirmação se verifica?". Essa ausência de alternativa seria sufocante se a proposta de permanecer nele não fosse ao mesmo tempo atrativa e capaz de atender a busca do ouvinte-leitor.

4. Função teológica: O grande discurso de despedida começa com καὶ δείπνου γινομένου (*"vinda a ceia"* Jo 13, 2a). Este é o horizonte de leitura da perícope: uma ceia. A videira verdadeira tem a ver com o vinho servido na ceia. O lugar preparado para receber "as uvas verdadeiras" recebe o dom que a videira verdadeira faz de si para alimentar os ramos. No conjunto da despedida do "patriarca", que é ὁ διδάσκαλος καὶ ὁ κύριος (*"o Mestre e Senhor"* Jo 13,13a), a metáfora da videira tem uma palavra definitiva sobre o ser discípulo: alguém somente se torna discípulo com a permanência em Jesus.

Concluída a análise da perícope joanina, cabe agora a pesquisa encaminhar-se para o que foi proposto: um estudo comparativo da semântica e da teologia comum entre Paulo (Fl 3,1-16) e João (Jo 15,1-8) para desenhar o essencial para o vir a ser e o ser do discípulo. Essa é a tarefa do capítulo conclusivo que segue.

3

ELEMENTOS COMUNS ENTRE PAULO E JOÃO

O caráter conclusivo deste capítulo exige colher os frutos do estudo prévio. A tese que liga como fio de ouro esta pesquisa é que há entre Paulo e João um horizonte comum semântico e teológico. Um ou outro ponto de contato foi possível perceber ao longo da exposição nos capítulos anteriores. Agora, de modo orgânico, será estabelecida a relação a partir das perícopes paulina de Fl 3,1-16 e joanina de Jo 15,1-8.

3.1. Em nível morfossintático

Embora não haja vocabulário comum entre as duas perícopes acima indicadas, o uso de sintagmas, com acentuada densidade semântica e teológica, caracteriza as duas unidades textuais. Merece algum destaque a presença da preposição "ἐν" que acompanha a quase totalidade dos sintagmas. A preposição ἐν é, das preposições, a mais recorrente no NT.[1] Ela aparece em todos os escritos sem particular concentração. Seu uso é feito com dativo impessoal e com dativo pessoal. O uso com dativo pessoal pode ser feito em geral ou na formação dos sintagmas. Nas perícopes estudadas encontramos seu uso pessoal na formação de

---

[1] Há 2.757 recorrências de acordo com a *concordance to the Novum Testamentum Graece*. Em 28% das 10.387 ocorre uso de todas as preposições conjuntamente (BLASS, F.; DEBRUNNER, A. § 218, 1). Fl 66x; 14x διὰ; 7x ἐπί; 23x εἰς.

sintagmas: "no Senhor" (ἐν κυρίῳ. Fl 3,1); "nele" (ἐν αὐτῷ Fl 3,9), "em Cristo Jesus" (ἐν Χριστῷ Ἰησοῦ Fl 3,14a), "em mim" (ἐν ἐμοί Jo 15,4.5.6.7). Estes sintagmas são os mais relevantes para esta pesquisa.[2]

3.1.1. Sintagmas

3.1.1.1. ἐν κυρίῳ (*"no Senhor"* Fl 3,1a); ἐν αὐτῷ (*"nele"* Fl 3,9a), ἐν Χριστῷ Ἰησοῦ (*"em Cristo Jesus"* Fl 3,14a)[3]

Chama a atenção o fato de os sintagmas acima estarem ausentes nos outros escritos do NT.[4] Os três sintagmas se caracterizam

---

[2] ZERWICK, M. *El Griego del Nuevo Testamento*, p. 64: "É importante averiguar porque Paulo diz algumas vezes que nós estamos em Cristo (ou no Espírito) e outras que Cristo (ou o Espírito) está em nós. De fato, na mente de Paulo parece ser tão pequena – para não dizer inexistente – a distinção entre ambos os modos de expressar-se que um serve de explicação e definição do outro: "ὑμεῖς δὲ οὐκ ἐστὲ ἐν σαρκὶ ἀλλὰ ἐν πνεύματι, εἴπερ πνεῦμα θεοῦ οἰκεῖ ἐν ὑμῖν. εἰ δέ τις πνεῦμα Χριστοῦ οὐκ ἔχει, οὗτος οὐκ ἔστιν αὐτοῦ." (Rm 8,9). Portanto, "no Espírito" está aquele em quem está o Espírito, ou também – como prossegue o Apóstolo – aquele que "tem o Espírito". Também em João a permanência de Deus (de Cristo) em nós e a permanência nossa em Deus (em Cristo) são dois aspectos correlativos e inseparáveis de uma mesma realidade (cf. Jo 6,56; 15,4.5; 1Jo 4,13.15.16).

[3] Fl 1,1; 1,26; 2,5; 3,3.14; 4,17.19.21 (ἐν Χριστῷ Ἰησοῦ); 1,13; 2,1 (ἐν Χριστῷ); 1,14; 2,1.24.29; 3,1; 4,1.2.4.10 (ἐν κυρίῳ). Somente em 3,9 ἐν αὐτῷ" (= ἐν Χριστῷ). São relevantes para o contexto da participação outros usos paulinos: de Cristo (Χριστοῦ), "por meio de Cristo" (διὰ Χριστόν); "em Cristo" (εἰς Χριστόν), "com Cristo" (σὺν Χριστῷ) e os compostos com a preposição σύν (cf. DODD, J. D. G. *A teologia do apóstolo Paulo*, p. 460-466).

[4] Encontramos ἐν Χριστῷ somente na 1Pd 3,16; 5,10.14. Os autores são unânimes do teor paulino deste escrito. (Cf. LOHSE, E. *Introdução ao NT*, p. 230. DUNN, J. D. G. *A teologia do apóstolo Paulo*, p. 454: "a mais paulina das cartas não paulinas").

A GÊNESE DO DISCÍPULO

pelo uso pessoal/pronominal do dativo. A preposição ἐν indica plasticamente um lugar.[5]

Em Paulo, tais sintagmas são impregnados de teologia: "a locução 'em Cristo' é usada quase como fórmula que ocupa um lugar de proeminência [...], contém a determinação do presente e do tempo final por meio de Cristo".[6] O uso paulino destes sintagmas, do ponto de vista sintático, se move no âmbito de três significados: a) significado local: "algumas Igrejas estão em Cristo"; b) significado instrumental: "Deus reconciliou o mundo consigo em Cristo" (2Cor 5,19); c) significado do modo com o qual uma ação se cumpre: "digo a verdade em Cristo" (Rm 9,1); porém, seu uso "às vezes não deixa perceber a distinção".[7] Esta mobilidade de significado dá densidade semântica aos sintagmas. E mesmo quando "em Cristo/no Senhor" exprime uma instrumentalidade ou um modo de agir, "Cristo" é entendido como uma "esfera" dentro da qual se permanece.

Eis alguns dados estatísticos que permitirão melhores esclarecimentos:

---

[5]   FEE, G. *Paul's Letter to Philippians*, p. 350: "Esta preposição é provavelmente locativa, não instrumental". O uso da preposição "em" com "dativo de pessoa": ἐν Χριστῷ (Ἰησοῦ), ἐν κυρίῳ "é dito normalmente do nexo que há entre os membros do corpo místico de Cristo com sua cabeça". Traz o sentido do que chamamos "cristão" ou "cristã". Cf. ZORELL, F. ἐν. In: *Lexicon Graecum Novi Testamenti*, col. 430-431.

[6]   BECKER, J. *Paolo, l'Apostolo dei popoli*, p. 402-430.

[7]   SEIFRID, M. A. In Cristo. In: *DPL*, p. 851. Estes significados se desdobram em outros significados teológicos: a) ação de Deus através de Cristo (Rm 3,24: "Salvação realizada em Cristo Jesus"); b) modo de comportamento (Fl 4,4: "Alegrai-vos sempre no Senhor"); c) situação atual do crente em relação à obra salvadora de Cristo (Rm 12,5: "embora sejamos muitos, somos um só corpo em Cristo"); d) pessoas ou situações particulares na relação com a salvação (Rm 16,7.22; 1Cor 1,30; Gl 1,22; 1Ts 3,8; 2Cor 12,2: alguém está "em Cristo") (id., p. 855). "De incerta interpretação é o ἐν Χριστῷ (κυρίῳ) que em Paulo vem indicado, frequentemente aos conceitos mais diversos" (BLASS, F.; DEBRUNNER, A. *Grammatica del Greco del Nuovo Testamento*, § 219,4).

a) O sintagma ἐν κυρίῳ [8] recorre 34 vezes nas autenticamente paulinas, sendo que 9 delas na Carta aos Filipenses (1,14; 2,19.24; 2,29; 3,1; 4,1.2.4.10). Encontram-se 15 recorrências nas deuteropaulinas.

b) O sintagma ἐν Χριστῷ recorre 45 vezes nas cartas autenticamente paulinas, sendo que, destas, 10 vezes somente na Carta aos Filipenses. Destas 10 recorrências somente em Fl 2,1; 3,3.14 o sintagma aparece como ἐν Χριστῷ Ἰησοῦ. Nas deuteropaulinas (Ef, Cl e 2Ts recorre 23 vezes).

c) O sintagma ἐν αὐτῷ [9] (nele = em Cristo): recorre somente 6 vezes (1Cor 1,5; 2Cor 1,19; 1,20; 5,21; 13,4; Fl 3,9) nas protopaulinas, sendo que na Carta aos Filipenses somente em Fl 3,9. Sendo 14 recorrências nas deuteropaulinas (2Ts 1x; Ef 5x; Cl 8x).

Pode-se concluir que o uso com relevância teológica é caracterizadamente paulino e que a Carta aos Filipenses bem representa a diversidade de uso dos sintagmas.

3.1.1.2. ὑπὸ Χριστοῦ Ἰησοῦ (*"por Cristo Jesus"* Fl 3,12e)

Este sintagma é um *hapax*; com sua estrutura sintática definida pelo agente da passiva, expressa a justa passividade do ser humano na sua relação com Deus.[10] Nós não alcançamos Deus

---

[8] Fora do *corpus paulinum*, somente em Ap 14,13 "os que morrem no Senhor". Esse uso possui a teologia paulina, na qual ἐν κυρίῳ não é só por causa do Senhor, mas expressa a comunhão com ele.

[9] Encontra-se ἐν αὐτῷ = ἐν Χριστῷ 4x nos sinóticos (Mt 14,2; Mc 6,3.14; Lc 23,22), 7x no EvJo (Jo 1,4; 3,15; 9,3; 13,31.32; 19,4.6) e 2x na 1Jo (3,5.6). Essas recorrências não têm particular relevância teológica.

[10] Cf. BLASS, F.; DEBRUNNER, A. *Grammatica del Greco del Nuovo Testamento*, § 232,2. Em Jo 14,21b: ὁ δὲ ἀγαπῶν με ἀγαπηθήσεται ὑπὸ τοῦ πατρός μου. O amor do Pai é resposta do amor do discípulo por Jesus. Esta lógica joanina pressupõe o discípulo gerado pela ação purificadora de Jesus (Jo 15,3).

e nos tornamos discípulos, mas Deus toma a iniciativa de fazer uma ponte até nós em Cristo e nos alcança. O discípulo nasce não por uma iniciativa sua, mas por um nível de resignação existencial, aceitando não mais se autodeterminar, deixando que um Outro mande nele.

Este sintagma serve para destacar a preeminência da graça em relação ao agir humano; este é o ambiente adequado para compreender o que o texto comunica com o ὑπὸ Χριστοῦ (*"por Cristo"*). Fl 3,1-16 é o texto em que Paulo melhor descreve sua gênese para o discipulado. Ser encontrado nele (9a) vai exigir o prévio ser alcançado por ele (12e).

3.1.1.3. μένειν ἐν e ἐν ἐμοί (*"permanecer em"* e *"em mim"* Jo 15,4adf.5c.6a.7ab)

Os dois sintagmas estão estreitamente relacionados ao interno da perícope da videira, o primeiro destaca a ação de permanecer, o segundo o lugar da permanência. João insiste sobre a realidade da reciprocidade, que Cristo e os discípulos se pertençam mutuamente: "μένειν ἐν [*permanecer em*]: dito do homem, designa fidelidade"; dito de Jesus, "designa a eterna validade da ação salvífica de Deus em favor do que crê", que "corresponde em certo modo às fórmulas ἐν Χριστῷ e Χριστὸς ἐν ὑμῖν [*em Cristo e Cristo em vós*], em Paulo".[11] Para indicar isso, o EvJo faz uso do sintagma ἐν ἐμοί, que, embora esteja presente nos sinóticos, é no EvJo que sua relevância teológica é destacada.

Do uso do verbo permanecer no NT podemos concluir que sua recorrência nos sinóticos é sem especial peso teológico. Do uso no EvJo e nas cartas prevalece o uso técnico da relação imanente de Jesus com o Pai e com os discípulos. O sintagma "permanecer em", sempre que usado no EvJo, denota a estável comunhão.

Das 7 recorrências de ἐν ἐμοί nos sinóticos podemos concluir: a) não toca a relação de imanência de Jesus com o Pai nem com

---

[11]   HUBNER, H. μένω. In: BALZ, H.; SCHNEIDER, G. *DENT*(vol. II), col. 224.

os discípulos; b) são consequências de aramaísmos,[12] resquícios do uso de בְ; c) o único uso que expressa a esfera pessoal não indica relação (Lc 22,37). Portanto, o uso joanino deste sintagma é específico e expressa sua percepção teológica.

Quanto ao uso feito deste sintagma no EvJo, pode ser classificado em três grupos:

a) Indica reciprocidade de Jesus com os discípulos: Jo 6,56: ὁ τρώγων μου τὴν σάρκα καὶ πίνων μου τὸ αἷμα ἐν ἐμοὶ μένει κἀγὼ ἐν αὐτῷ "aquele que come a minha carne e bebe meu sangue, permanece em mim e eu nele"; Jo 14,20 eu estou no meu Pai e vós em mim e eu em vós; 15,2.4.4.5.6.7 permanecer em mim; 16,33 tenhais paz em mim; Jo 17,21: ἵνα καὶ αὐτοὶ ἐν ἡμῖν ὦσιν "a fim de que também eles estejam em nós".

b) Indica reciprocidade de Jesus com o Pai: Jo 10,38: ἐν ἐμοὶ ὁ πατὴρ κἀγὼ ἐν τῷ πατρί "o Pai está em mim e eu estou no Pai"; Jo 14,10a οὐ πιστεύεις ὅτι ἐγὼ ἐν τῷ πατρὶ καὶ ὁ πατὴρ ἐν ἐμοί ἐστιν; "Não crês que eu estou no Pai e o Pai está em mim"; Jo 14,10b: ὁ δὲ πατὴρ ἐν ἐμοὶ μένων ποιεῖ τὰ ἔργα αὐτοῦ.; "o Pai permanecendo em mim faz as suas obras"; Jo 14,11: ἐγὼ ἐν τῷ πατρὶ καὶ ὁ πατὴρ ἐν ἐμοί· "eu estou no pai e o Pai está em mim"; Jo 17,21: σύ, πάτερ, ἐν ἐμοὶ κἀγὼ ἐν σοί, "tu Pai em mim e eu em ti".

c) Indica a reciprocidade de Jesus, o Pai e os discípulos: Jo 17,23: ἐγὼ ἐν αὐτοῖς καὶ σὺ ἐν ἐμοί, "eu neles e tu em mim".

---

[12] Cf. BLASS, F.; DEBRUNNER, A. *Grammatica del Greco del Nuovo Testamento*, § 220,3. Eis as recorrências de ἐν ἐμοί nos sinóticos: Mt (10,32 "em meu favor"; 11,6 "a meu respeito"; 26,31 "a meu respeito"; Mc (14,6 "em meu favor"); 3x em Lc (7,23 "a meu respeito" = Mt 11,6; 12,8 "em meu favor" = Mt 10,6; 22,37 τελεσθῆναι ἐν ἐμοί "cumprir-se em mim").

Pode-se tirar algumas conclusões a partir dessas recorrências:

a) Exceto Jo 6,56, todas as demais estão no discurso de despedida (13–17); destas, somente 14,30 "ele não pode nada contra mim" não entra nos grupos classificados.

b) Chama a atenção das 17 recorrências 6 estarem concentradas na perícope da videira (Jo 15,1-8).

3.1.1.4. ἀφ' ἑαυτοῦ (Jo 15,4c)[13]

A impossibilidade de o ramo/discípulo produzir "por si mesmo" orienta o ouvinte-leitor sobre sua dependência de Jesus. A descabida pretensão de um ramo, destacado da videira, produzir frutos exige a chocante conclusão da falta de inteligência de uma tentativa ἀφ' ἑαυτοῦ (*"por si mesmo"*) por parte do discípulo, ou melhor, por parte daquele que pretende ser discípulo, pois tal designação de discípulo só é adequada a quem permanece em Jesus. O texto desorienta o ouvinte-leitor, pois fechar-se em suas capacidades é infecundo, estéril e mesmo nocivo para si. A tentação do individualismo e do egocentrismo deve ser vencida. O que é esclarecido, indiretamente, é que, como o ramo precisa da videira para sua sobrevivência, o discípulo precisa de Jesus Cristo, pois não é fonte para si, pode até tornar-se cofonte pela sua dependência da fonte (cf. Jo 7,38 ποταμοὶ ἐκ τῆς κοιλίας αὐτοῦ ῥεύσουσιν ὕδατος ζῶντος. *"rios de água viva jorraram do seu seio"*)

3.1.1.5. χωρὶς ἐμοῦ (*"sem mim"* Jo 15,5f)

Este sintagma está no mesmo horizonte semântico de ἀφ' ἑαυτοῦ como o reforçativo da relação do discípulo com Jesus. É sugestivo que no prólogo o autor afirme: πάντα δι' αὐτοῦ ἐγένετο, καὶ χωρὶς αὐτοῦ ἐγένετο οὐδὲ ἕν. ὃ γέγονεν (*"tudo foi feito por ele, e sem ele nada foi feito"* Jo 1,3). Se a referência do prólogo destaca o lugar do *logos* na criação, aqui destaca seu lugar na

---

[13] Sobre a recorrência deste sintagma, ver Capítulo 2.

redenção. "Sem mim" quer dizer: sem o seu influxo, sem a vida da qual ele é a fonte, sem a ligação vital com ele, *in brevis*, sem crer nele.

Os sintagmas sinalizam pontos fortes de relação das perícopes estudadas da Carta aos Filipenses e do EvJo: a centralidade de Cristo. Em Fl fala Paulo, que conta como tudo começou com ele, ou melhor, como tudo mudou para ele a partir de quando foi encontrado por Cristo. Na perícope joanina, a Jesus é dada a palavra. Sua narrativa encontra largo espaço para falar da relação dos discípulos consigo. Uma coisa, porém, sobressai a tudo: a ênfase na necessidade de permanecer nele.

3.2. A centralidade de Cristo a partir do nível semântico

Na enumeração dos sintagmas já foi destacado algo da semântica. O estudo carece ainda de uma análise orgânica que permita a síntese teológica. O foco comunicativo dos textos converge para a centralidade de Cristo: o vocabulário o demonstra e a semântica se encarrega de corroborar.

Os três sintagmas paulinos contemplados na perícope ἐν κυρίῳ ("*no Senhor*" Fl 3,1); ἐν αὐτῷ ("*nele*" Fl 3,9), ἐν Χριστῷ Ἰησοῦ ("*em Cristo Jesus*" Fl 3,14) [14]), salvo nuanças que serão apontadas a seu tempo, se correspondem. A linguagem de Paulo partilha o uso metafórico comum do uso de espaço, com a qual se pretende definir uma pertença ou exclusão. Ademais, "a expressão 'em Cristo' manifesta a convicção de Paulo de que o plano salvífico de Deus se atua realmente através de Cristo".[15]

---

[14] Fl 1,1; 1,26; 2,5; 3,3.14; 4,17.19.21 (ἐν Χριστῷ Ἰησοῦ); 1,13; 2,1 (ἐν Χριστῷ); 1,14; 2,1.24.29; 3,1; 4,1.2.4.10 (ἐν κυρίῳ). Somente em 3,9 ἐν αὐτῷ (= ἐν Χριστῷ). São relevantes para o contexto da participação outros usos paulinos: de Cristo (Χριστοῦ), "por meio de Cristo" (διὰ Χριστόν), "em Cristo" (εἰς Χριστὸν), "com Cristo" (σὺν Χριστῷ) e os compostos com a preposição σὺν (Cf. DODD, J. D. G. *A teologia do apóstolo Paulo*, p. 460-466).

[15] SEIFRID, M. A. In Cristo. In: *DPL*, p. 851.

É discutida a origem desses sintagmas. A concepção local se refaz ao mito do Redentor, do qual falam os escritos gnósticos (Käsemann); com a ideia judaica de união física com o Messias (Schweizer); a ideia judaica da "personalidade corporativa" (Best, Moule). Está, porém, excluída a "realidade orgânica". Também não é possível entender na teologia de Paulo uma concepção "corpórea" ou "física" de participação.[16]

Como no caso do EvJo, o fundo veterotestamentário mais o ambiente judaico e helenista das comunidades cristãs, somados ao gênio de Paulo, são suficientes para explicar a origem destes sintagmas. Para dizer com Seifrid, admite-se que "a expressão 'em Cristo/no Senhor' é derivada, provavelmente, de um precedente judeu-cristianismo".[17] Encontramos no Livro dos Atos (At 4,12: οὐδὲ γὰρ ὄνομά ἐστιν ἕτερον ὑπὸ τὸν οὐρανὸν τὸ δεδομένον ἐν ἀνθρώποις ἐν ᾧ δεῖ σωθῆναι ἡμᾶς. – "de fato, não há outro nome sob o céu dado aos homens no qual ocorre sermos salvos") que os primeiros crentes de Jerusalém proclamaram Jesus como a "esfera" decisiva dentro da qual atua a ação salvífica de Deus. As raízes podem se referir ao batismo, meio para participar da salvação e fazer parte do reino de Cristo (Rm 6,3: ἐβαπτίσθημεν εἰς Χριστὸν – "fomos batizados em Cristo").[18]

Eis os usos possíveis de ἐν Χριστῷ ("em Cristo") (1) para indicar pertença a Cristo; (2) atividade ou situação caracterizada como cristã; (3) determinar a esfera de valor; (4) para indicar o fundamento objetivo da comunhão com Deus; (5) para colher uma multiplicidade na unidade. Quando o uso deste sintagma é feito de forma absoluta, ele indica a pertença a Cristo.[19] "Da imagem originalmente local é possível derivar toda a fecundidade da

---

[16]   Ibid., p. 853-854.

[17]   SEIFRID, M. A. In Cristo. In: *DPL*, p. 854. "Para Paulo, os crentes participam em alguma medida real da morte e ressurreição de Cristo".

[18]   Sabe-se da liberdade do NT na alternância no uso de ἐν e εἰς. Cf. BLASS, F.; DEBRUNNER, A. *Grammatica del Greco del Nuovo Testamento*, § 206.

[19]   OEPKE, A. ἐν. In: KITTEL, R. (ed.). *GLNT* (vol. III), col. 569.

fórmula ἐν Χριστῷ Ἰησοῦ e das fórmulas paralelas",[20] disto resulta que a visão de Paulo de sua vida como cristão, sua fonte, sua identidade e suas responsabilidades, poderia ser resumida nessas expressões".[21] "Também a fórmula correspondente, embora mais rara, 'Cristo nos fiéis' é essencialmente paulina."[22]

A conformação do discípulo com o mistério da morte e ressurreição do Senhor, que Paulo liga ao batismo, não se reduz ao rito, é algo que se estende ao conjunto da vida cristã: constante morrer com Cristo para viver a vida nova da ressurreição, sendo que "os crentes participam em alguma medida real da morte e ressurreição de Cristo".[23] Como nas fórmulas de imanência recíproca joaninas, Paulo, além da possibilidade de se encontrar em Cristo, admite que Cristo esteja no discípulo (Gl 2,20; Rm 8,10).[24]

A forma ἐν αὐτῷ ("nele") em nada difere da fórmula plena "em Cristo". Em uma ou em outra "a evidência [...] dada a Cristo indica que se quer pôr em destaque o estado glorioso e a função salvífica do Messias".[25] Uma e outra falam do nível de comunhão que não é somente mística, enquanto tomada de consciência; nem física, dado que há comunhão sem confusão de individualidade.

A novidade que acontece com o ser humano que entra em contato com o mistério de Deus em Cristo Jesus levou Paulo a

---

[20]   Ibid., col. 573

[21]   DUNN, J. D. G. *A teologia do apóstolo Paulo*, p. 457.

[22]   OEPKE, A. ἐν. In: KITELL, R. *GLNT* (vol. III), col. 574.

[23]   SEIFRID, M. A. In Cristo. In: *DPL*, p. 854. Segundo Albert Schweitzer, a "participação em Cristo" constitui o centro organizacional da teologia de Paulo. Há outras propostas de centro para a teologia paulina: "tensão entre Cristianismo judaico e Cristianismo gentílico" (Baur); "justificação pela fé" (Bultmann e Käsemann), "teologia da cruz" (Ulrich Wilckens). Cf. DUNN, J. D. G. *A teologia do apóstolo Paulo*, p. 47. De qualquer modo, a participação em Cristo, quando Paulo se refere aos seus sofrimentos (cf. 2Cor 4,7-8: descrição dos sofrimentos do apóstolo), não é só a mística participação nos sofrimentos de Cristo!

[24]   Cf. BECKER, J. *Paolo, l'Apostolo dei popoli*. p. 402.

[25]   SEIFRID, M. A. In Cristo. In: *DPL*. p. 851.

inventar um vocabulário que coubesse, ou ao menos que melhor acolhesse a novidade. Esta comunhão não é a recepção de uma energia divina inerente a algum rito, mas a participação no conjunto dos mistérios da vida de Cristo, a atualização existencial dos "sentimentos" de Cristo, em que o discípulo não se encontra diante dos mistérios da vida de Cristo, mas envolvido neles. Estar nele indica ter escolhido o conjunto da existência dele não só "por" mim, mas como caminho aberto "para" mim.

Paulo inaugurou um vocabulário que expressa por meio das imagens um realismo extraordinário: revestidos de Cristo, mortos para o pecado, o Espírito derramado em nossos corações, templos do Espírito, Cristo vive em mim, me encontro nele. Há uma novidade a ser atualizada pelo discípulo. Trata-se de um dom dinâmico em si, mas só se torna dinâmico no discípulo que aceita existencialmente ser determinado por esse novo início.[26]

Na perícope paulina em estudo há uma concentração cristológica. Em nenhuma outra parte dos escritos paulinos, mesmo nos hinos cristológicos, é encontrada uma assim densa referência na relação com Cristo e na ação de Cristo. As preposições são os marcos textuais que indicam essa relação e ação.

Na perícope paulina estudada, o sintagma recorre 3x: ἐν κυρίῳ ("*no Senhor*" Fl 3,1a); ἐν αὐτῷ ("*nele*" Fl 3,9a), ἐν Χριστῷ τῷ Ἰησοῦ ("*em Cristo Jesus*" Fl 3,14c). A forma alternativa "no Senhor" destaca normalmente o poder único e a autoridade divina de Cristo. O Ressuscitado age através do seu Espírito dado aos discípulos. O Espírito é sempre um potente princípio ético de vida. Muito embora as cartas paulinas tenham lista de vícios e virtudes, sua tendência geral era não dar normas concretas para a vida, o comportamento adequado é fruto do Espírito. O ponto principal é que, "na teoria paulina, as ações brotam do Espírito, não dos mandamentos".[27] Embora ἐν πνεύματι apareça em Jo

---

[26] Cf. BECKER, J. *Paolo, l'Apostolo dei popoli*. p. 403-404.

[27] SANDERS, E. P. *Paulo, a Lei e o povo judeu*, p. 222-223.

4,23s para qualificar a adoração devida a Deus, é possível que Paulo seja o criador desta fórmula.[28]

Neste ponto chegamos ao centro das conclusões da pesquisa. Trata-se do que se estabelece com a riqueza de referência de Paulo a Cristo quando fala da sua vocação ao discipulado e da insistência da perícope da videira com o sintagma ἐν ἐμοί. Estes são os elementos comunicativos mais fortes das duas perícopes, como foi visto.

A insistente referência a Cristo estabelecida na perícope da Carta ao Filipenses, particularmente nos vv. 7-11, nos quais são feitas 9 chamadas entre pronomes e substantivos, comunicam onde esta o epicentro da narração. Ora, o que está sendo contado no texto é a experiência pessoal do autor, tratando de sua gênese para o discipulado. A referência a Cristo não é extrínseca, mas constitutiva. Não obstante toda a riqueza e relevância histórica na espiritualidade da *imitatio Christi*, a concepção paulina requer algo novo que aquela percepção carece: a atualização vivencial do mistério de Cristo pelo discípulo.

Que dizer também das espiritualidades baseadas na emotiva contemplação extrínseca de Cristo e dos mistérios[29] da sua vida? Estes ficam muito aquém da novidade paulina e joanina, devendo pressupô-las para não perder a novidade do Cristianismo: a comunhão com Cristo.

Nessas percepções – da *imitatio* e da contemplação dos mistérios – se colhe o extraordinário do evento de Jesus Cristo, o Filho de Deus, mas não se explicita o vínculo com o imperativo da vida cristã, ou seja, o que justifica a *nova criatura* (2Cor 5,17: καινὴ κτίσις) na posse da vida eterna (Jo 3,36: ἔχει ζωὴν αἰώνιον – "*tem vida eterna*").

O EvJo, com gênero, estilo e vocabulário próprios, comunica que o discípulo terá sua esfera de vida na relação imanente com

---

[28] Cf. OEPKE, A. ἐν. In: KITELL, R. *GLNT* (vol. III), col. 569.

[29] Entende-se "mistério" como os fatos da vida de Cristo: sua encarnação, ministério e, sobretudo, paixão, morte, ressurreição e ascensão.

Cristo.[30] Este texto em primeira pessoa estabelece a regra definitiva, segundo o autor, para que alguém se proponha a tornar-se discípulo (15,8b: γένησθε ἐμοὶ μαθηταί – "*tornardes meus discípulos*"): deverá permanecer em Jesus (ἐν ἐμοί – "*em mim*"). Esta realidade *passiva* do "permanecer" é reforçada na perícope da videira pelos sintagmas ἀφ᾽ ἑαυτοῦ ("*por si mesmo*" Jo 15,4) e "χωρὶς ἐμοῦ" ("*sem mim*" Jo 15,5). Na perícope paulina aquela passividade é explicitada pela constatação de que tudo começou como o "*ser alcançado por Cristo Jesus*" (Fl 3,12e: κατελήμφθην ὑπὸ Χριστοῦ Ἰησοῦ).

3.3. Em nível teológico: a centralidade de Cristo no itinerário do discipulado

Resta saber se é possível colher nas perícopes estudadas o que poderia ser chamado de o itinerário do discípulo. Ou, ainda, se há elementos nos textos que permitam uma síntese cuja pauta seja comum para Paulo e João. Se há esta pauta, quais são os elementos dos textos que, em comum, permitem a sinfonia harmônica. Que haja um horizonte comum os capítulos anteriores permitem indicar. Que haja elementos suficientes para uma síntese coerente será indicado em seguida.

Do chamado até a promessa da glória pode-se destacar quatro momentos: a gênese do discípulo (chamado e resposta); o processo de construção do discípulo (o aprendizado); o ambiente vital (ficar com ele; em Cristo; permanecer em mim) e a reserva escatológica (anúncio de plenitude: prêmio; morada). O percurso desta pesquisa permite indagar sobre o que vamos chamar de

---

[30] Embora neste estudo esteja sendo destacado o caráter ontológico da gênese do discípulo, encontra-se também no EvJo a descrição fenomenológica do processo como nos sinóticos. Eis um exemplo: em Jo 21,19, Jesus dirige-se a Pedro que o confessou (cf Jo 6,69), mas depois veio a negá-lo por três vezes (Jo 18,17.25.27), que corresponderá às três confissões do amor (cf. Jo 21,15.16.17), que indica a retomada do processo do discipulado.

"ponto zero" do discipulado. Vamos identificar nos dois textos elementos que sinalizam onde tudo começa.[31]

A relação histórica de Jesus com os primeiros discípulos se tornou canônica. No EvJo encontram-se dois conceitos que, como fio condutor, acompanham o caminho daqueles que se aproximam de Jesus: μαθητής e ἀκολουθέω (*"discípulo"* e *"seguir"*).[32] "'Ακολουθέω no seu significado profundo é estritamente limitado a exprimir o seguimento de Jesus"; "aderir no sentido que denota novas relações de vida" e "tomar parte ao destino de Jesus".[33] Paulo não usa esses conceitos para falar da relação da pessoa com Jesus.

No EvJo "podem observar estes dois conceitos desligados de qualquer limitação espacial-temporal".[34] Os termos "seguir" e "discípulo" saem do campo do "serviço profissional" para o campo da "salvação pessoal".[35] Este caminho de utilização dos termos chega ao ponto de μαθητής se tornar sinônimo de cristão, ou mesmo "um termo teológico para caracterizar o cristão fiel".[36]

---

[31] O discipulado – ou começo da salvação – é indicado por Paulo em três grandes linhas teológicas que expressam "o mesmo evento com diferentes ênfases": a justificação, a participação "em Cristo" e o recebimento do Espírito Santo. Cf. DUNN, J. D. G. *A teologia do apóstolo Paulo*, p. 485-486; 518. Esta pesquisa, devedora dos textos estudados, deu destaque à segunda linha teológica, da participação "em Cristo", sem por isso excluir as outras vertentes de reflexão.

[32] O EvJo tem esses conceitos em comum com os sinóticos. Ao lado dos μαθηταί há os ἀπόστολοι. A mais antiga tradição já conhecia o grupo e a ele se refere como "οἱ δώδεκα" (1Cor 15,5), que foram identificados como "οἱ ἀπόστολοι" (Mc 6,16; 6,7.30); nos Atos, μαθητής se torna sinônimo de cristão (At 9,36: Tabita é chamada "μαθήτρια" – único caso do NT).

[33] KITTEL, ἀκολουθέω. In: KITELL, R. *GLNT* (vol. I), col. 576-577. A estes dois conceitos pode-se ajuntar também, embora com menor recorrência e peso teológico, a preposição ὀπίσω.

[34] SCHULZ, A. *Discípulos do Senhor*, p. 64.

[35] Ibid., p. 66-67.

[36] Ibid., p. 79.

Μαθητής se torna no EvJo este caminho que parte de um "serviço profissional" até a caracterização de todo crente. O EvJo coloca, portanto, na ação de crer, o ponto decisivo. Na ação de crer estão contidas todas as exigências para ser discípulo: (1) ser escolhido por Jesus, (2) o desapego de tudo e todos, deixando os laços parentais, os bens, os afazeres de antes; (3) ter o conhecimento dos mistérios, (4) a firme decisão de assumir o destino do Mestre como próprio, "seguimento tem que ser até a morte do martírio".[37] Portanto, a fé – em João a ação de *crer* (πιστέω) – se torna o fator teologicamente decisivo para a gênese ao discipulado e condição para um estado duradouro de discípulo. No EvJo, "a decisão de ajuntar a Jesus é estereotipada expressamente como um ato de fé": "quem crê em mim" = discípulo (Jo 14,12); crer em Jesus tomou o lugar de seguir Jesus (Jo 8,12; 10,4.5.27). Isto abre caminho para as gerações vindouras.

Quanto à ação de *seguir* (ἀκολουθέω), no EvJo "a fé é como uma mudança de lugar": "das trevas" para o "Reino de Deus".[38] "Para João, 'seguir' tem a significação de 'profundo desapego interior' do mundo hostil a Deus."[39] Seguir é comunhão de destinos com Cristo, "compartilhar os sofrimentos e a morte", nisto já começa a glorificação (Jo 12,24-26).[40] Em Jo 12,25-26 a "comunhão de vida e de sofrimento com o Messias é, antes de tudo, da comunhão na sua salvação".[41] O que foi dito a respeito do caráter atemporal do discípulo no EvJo pode também ser dito da ação de seguir. O Ressuscitado convida a segui-lo (Jo 21,19: ἀκολούθει μοι – "*segue-me*"). Esta regra será válida também no caso de Paulo. Enfim, "para João, o 'seguir' é essencialmente um dom de Deus e não uma realização do homem".[42]

---

[37] SCHNEIDER, G. ἀκολουθέω. In: *DENT* (vol. I), col. 154.

[38] Cf. SCHULZ, A. *Discípulos do Senhor*, p. 93.

[39] Ibid., p. 94.

[40] Ibid., p. 96.

[41] KITTEL, G. ἀκολουθέω. In: KITTEL, R. (ed.). *GLNT* (vol. I), col. 578.

[42] Cf. SCHULZ, A. *Discípulos do Senhor*, p. 102.

Os termos μαθητής e ἀκολουθέω ligados ao discipulado estão totalmente ausentes nos escritos paulinos. Neste campo Paulo está ligado a outra tradição que chegará até o EvJo, na qual crer corresponde à decisão de seguir.[43] O discípulo nos escritos paulinos é identificado com vocábulos que expressam a condição de justificados, participantes "em Cristo", e a quem foi dado o dom do Espírito. Tudo começa pela fé: não é pela observância da Lei que se recebe o Espírito (cf. Gl 3,2 ἐξ ἔργων νόμου τὸ πνεῦμα ἐλάβετε ἢ ἐξ ἀκοῆς πίστεως; – *foi pelas obras da Lei que recebestes o Espírito ou pela obediência da fé?*"); pela fé se dá o encontro com a esperança, pois os pagãos vivem sem esperança no mundo (cf. Ef 2,12 ἐλπίδα μὴ ἔχοντες καὶ ἄθεοι ἐν τῷ κόσμῳ. – *"não tendo esperança e sem Deus no mundo"*). O discípulo, para Paulo, é aquele que crê.

No lugar de μαθητής (*"discípulo"*) encontramos ἀδελφοί (*"irmão"*) ou mesmo ὁ πιστεύων (*"aquele que crê"*). Cabe esclarecer que Paulo não tinha nenhum conceito de cristão inconsciente ou não intencional. "O novo começo" precisava ser realizado por meio de uma "experiência de vida nova";[44] e esta vida nova é bem marcada na vida daquele que se torna discípulo/crente.[45] O tornar-se discípulo é um evento de caráter decisivo, determinante para o futuro. "Para Paulo, o processo da salvação tinha que ter um começo. Sem um comprometimento consciente não podia continuar."[46]

Quando Paulo falava do início do caminho do discipulado, não usava a linguagem de conversão e arrependimento – como

---

[43] BECKER, J. *Paolo, l'Apostolo dei popoli*, p. 120: "se deve ter presente que Paulo tenha conhecido a tradição sobre Jesus mais do que explicitamente mostre".

[44] DUNN, J. D. G. *A teologia do apóstolo Paulo*, p. 376.

[45] Cf. id., p. 377-378: "Os aoristos de Paulo, constantemente, lembram aos seus leitores essa fase inicial e o caráter determinante desta para o discipulado atual". Ex: Rm 6,3-4; 6,17-18; 7,4.6; 8,15; 13,11; 1Cor 1,4-5; 2,12; 12,13; 15,1-2; 2Cor 1,21-22; 3,3; 4,6; Gl 2,16; 3,2-3; 5,1.13; etc.

[46] Ibid., p. 379.

também não encontramos no EvJo. "Paulo enfatizava menos o 'afastamento de' e mais a 'dedicação a'."[47] De qualquer modo, mais importante que a terminologia usada, o ponto-chave é que para ele a vida cristã tinha começo claro. "Não podemos duvidar que a maioria dos seus leitores originais fosse capaz de lembrar-se bem do dia em que se tornaram 'cristãos'."[48]

Paulo usa muitas metáforas: justificação é "metáfora legal". Ser justificado é ser absolvido; redenção: resgate de escravo ou prisioneiro de guerra; reconciliação: paz e cooperação entre partes inimigas; gozar de cidadania diferente daquela da cidade ou região dentro da qual se encontra (cf. Fl 3,20); salvação: como resgate, saúde física, preservação; herança, vestir, despir; irrigação (cf. 1Cor 3,6-8; 12,13); cântaro de água derramado (Rm 5,5); enxerto (cf. Rm 11,17-24), colheita (cf. Rm 8,23); "carimbo" como marca de propriedade (cf. 2Cor 1,22 etc.); ἀρραβών[49] (como primeira prestação e garantia do que ainda seguiria (cf. 2Cor 5,5). Neste contexto deve-se destacar o verbo santificar, que "denota a ação inicial, pela qual indivíduos eram separados para o discipulado".[50] Paulo também compara o tornar-se cristão a um noivado com Cristo (cf. 2Cor 11,2) e o ser cristão ao casamento com Cristo (cf. 1Cor 6,17); estas metáforas manifestam a realidade da experiência do novo começo para Paulo, até porque imagens de nascimento, casamento e morte se usam para algo que muda a vida.[51] Porém a mais poderosa de todas as imagens é a "nova criação" (2Cor 5,17; Gl 6,15).

---

[47] Ibid., p. 380.

[48] Ibid., p. 381.

[49] Palavra de origem semita, parte do dinheiro que se assegurar a totalidade a compra, comprometendo a totalidade do pagamento posteriormente. Cf. ZERWICK, M. *Analysis Philologica Novi Testamenti Graeci*, p. 391.

[50] Rm 15,16; 1Cor 1,2; 6,11; Ef 5,26.

[51] Cf. DUNN, J. D.G. *A teologia do apóstolo Paulo*, p. 384-385. "Uma descrição racional muitas vezes é inadequada para captar a qualidade real de experiências estéticas ou profundamente emocionais" (id., p. 386). A diversidade das metáforas indica também as riquezas dos casos individuais.

ELEMENTOS COMUNS ENTRE PAULO E JOÃO | 155

Pode-se afirmar que a concepção de Paulo é o fruto maduro do caminho que faz a tradição bíblica que parte do "serviço profissional" até todo aquele que crê que Jesus é o Messias, o Filho de Deus, isso em qualquer tempo e em qualquer lugar.

3.3.1. A gênese do discípulo (Fl 3,12e; Jo 15,3)

Não encontramos nem na Carta aos Filipenses, ou qualquer outro escrito de Paulo, nem no EvJo um tratado sobre o discipulado. Mas de algum modo todos os escritos do NT se ocupam com o acesso das pessoas aos bens salvíficos. Daí ser relevante a pergunta sobre os pressupostos de cada estrato bíblico a respeito da relação do ser humano com Deus a partir da sua manifestação histórica em Jesus Cristo.

Sendo assim, pode-se colocar a questão da gênese do discipulado também no testemunho paulino de sua vocação (Fl 3,1-16) e na metáfora da videira (Jo 15,1-8).[52] Eis dois estratos textuais que identificam o que designamos por gênese do discípulo:

a) Fl 3,12e: ἐφ' ᾧ καὶ κατελήμφθην ὑπὸ Χριστοῦ Ἰησοῦ. "visto que eu fui alcançado por Cristo Jesus". Paulo o perseguia até ser encontrado por ele. Este é o ponto zero. Ser

---

[52] Uma leitura do EvJo a partir da perspectiva do discipulado permite confirmar esta tese de que na base dos escritos está a questão do discipulado, ou mesmo do modo de usufruir da manifestação de Deus em Jesus de Nazaré. Eis alguns textos do EvJo: a indicação de João do "Cordeiro de Deus" marca a irradiação de interesse por Jesus e o início do grupo dos discípulos (Jo 1,29-51); as bodas de Caná: a descoberta do vinho melhor e do Esposo (Jo 2,1-12); a samaritana que busca água e lhe é oferecida uma "água viva" (Jo 4,10: ὕδωρ ζῶν.); a decisão de Pedro manifestada na questão que exclui alternativa: "a quem iremos, tu tens palavras de vida eterna" (Jo 6,68); o cego "curado" por Jesus se vê na condição potencial de discípulo; quando lhe é feita a proposta, ele adere: "eu creio, Senhor" (Jo 9,38b); a percepção de Jesus como o bom pastor: "minhas ovelhas conhecem a minha voz" (Jo 10,27); uma nova lógica de vida para o discípulo: o grão de trigo morrer (cf. Jo 12,24); o mestre me lava os pés: "deveis lavar os pés uns dos outros" (Jo 13,14).

encontrado por Cristo "indica nada mais que a experiência de tornar-se um cristão".[53]

b) Jo 15,3: ἤδη ὑμεῖς καθαροί ἐστε διὰ τὸν λόγον ὃν λελάληκα ὑμῖν· "vós já estais limpos por causa da palavra que vos falei". "Puro é aquele que permitiu que nele acontecesse o serviço de Jesus (13,10 – lava-pés)."[54]

A questão que pode vir ao ouvinte-leitor é: o que fazer para ser alcançado? Como saber se já o foi? Não se faz algo para ser alcançado, a não ser colocar-se no raio de ação de Jesus Cristo. Quem foi alcançado sabe que o foi, o dinamismo interior e as atitudes exteriores o demonstram, até mesmo para que os de fora o percebam. "Ser encontrado" é a evidência da precedência deste fato para que então depois seguisse a corrida de Paulo para alcançar a Cristo.

Carece ainda evidenciar o caráter fundante da purificação por meio da palavra para que nasça o discípulo. Não se purifica por algum rito ou ação própria. A purificação dos discípulos, figurada no ato simbólico do lava-pés (Jo 13,1-15), remete à expiação feita pela oferta que Jesus faz da sua vida (Jo 17,19a: ὑπὲρ αὐτῶν ἐγὼ ἁγιάζω ἐμαυτόν – "eu me santifico por causa de vós"), dado ser este o grande serviço prestado por Jesus aos seus. Na cruz, a palavra se torna pesada e densa por meio do gesto e, por isso, eficaz.

Antes de ir adiante, convém aproximar alguns conceitos: purificação, Palavra e discipulado. Como já foi estudado anteriormente sobre a perícope da videira, esta Palavra dita (3bc τὸν λόγον ὃν λελάληκα – "a palavra que vos falei") vai além dos discursos, esta palavra é o próprio Jesus, de quem os discursos e sinais são irradiação. A respeito da ação da Palavra na purificação, pode ser afirmado que antes de receber esta Palavra não há discípulo, ele nasce com a acolhida da vida doada por Jesus, dom purificador,

---

[53] DOUGHTY, D. J. Citizens of Heaven. Philippians 3.2-21, p. 117.

[54] BULTMANN, R. Teologia do Novo Testamento, p. 488.

acolhimento feito como ouvinte que se deixa podar por ela. Só se torna "filho de Deus" quem o recebe.

A este ponto o estudo requer remarcar algo que sempre será importante: o que Karl Rahner chama de "a reflexão sobre o essencial".[55] O essencial do discípulo não é o que faz, mas qual é a sua fonte de vida, o que o determina de forma mais radical. O discípulo não começa por uma "desconfiança do mundo", ou uma mudança na qual Jesus fosse uma mera "motivação". O discípulo nasce quando se dirige diretamente a ele, aceitando serem quebrados todos os critérios e valores anteriores e feita renúncia ao poder histórico construído pelo ser humano em revolta contra Deus.[56] O discípulo nasce de uma obediência, pois "somente quem crê obedece, e somente quem obedece crê".[57] "O chamado de Jesus exige total corte com o passado",[58] mais ainda, o chamado não só exige, mas também possibilita o corte com o passado, pois apresenta ao discípulo o novo futuro. Ao nascer para o discipulado, "o discípulo é jogado para fora da relativa segurança da vida na absoluta falta de segurança, mas, na realidade, na absoluta segurança e tranquilidade da comunhão com Cristo".[59]

No horizonte do EvJo, Jesus está no centro da novidade de Deus para o ser humano. Mais que seus milagres e ensinamentos, é a fé nele que determina ter a vida eterna. Ao apresentar-se como o pão da vida, Jesus se coloca no lugar da Torá. Se nem só de pão podia viver o povo no deserto e por isso a revelação do Sinai se encarregou de confiar, por meio de Moisés, o maná espiritual, *dabar* que sai da boca de Deus; este pão vivo se come com a decisão de crer que Jesus é o Messias, o Filho de Deus. Em uma palavra, que Jesus basta.

---

[55] RAHNER, K. *O desafio de ser cristão*, p. 7.

[56] Cf. BULTMANN, R. *A teologia do Novo Testamento*, p. 511-512.

[57] BONHOEFFER, D. *Sequela*, p. 43.

[58] WEDER, H. Disciple, discipleship. In: FREEDMAN, D. N. et al. (editor). *Anchor Bible Dictionary* (vol. II), p. 208.

[59] BONHOEFFER, D. *Sequela*, p. 37.

A reflexão de Jesus Palavra irá levar-nos até a revelação do Sinai. A Palavra que vem do céu sobre a terra (cf. Is 55,10s) é antes de tudo a *Torá*, mas também a vontade divina manifestada pelo profeta, porta-voz do "oráculo do Senhor". Ademais, a concepção da Torá como a Palavra/Pão que sai da boca de Deus, sem a qual o homem não vive, é o pressuposto do escândalo dos ouvintes e discípulos segundo Jo 6,60.

O que dizer da concepção paulina da justificação pela fé (Fl 3,9ef: τὴν ἐκ θεοῦ δικαιοσύνην ἐπὶ τῇ πίστει, – *"aquela justiça que vem de Deus fundada na fé"*)? Não é também a constatação de que Jesus basta? Qualquer necessidade fora dele é tornar vã a cruz de Cristo. Quando Paulo coloca a fé no lugar da observância da Lei, o que ele faz é colocar Jesus no lugar da Lei. A relação adequada com Deus se dá na relação de visceral dependência de Jesus Cristo. Nenhum outro ponto é fonte de vida para o discípulo. Num e noutro lugar Jesus está ao centro, mais, ele é o conteúdo e não se pode dar outro conteúdo sem trair a essência do Cristianismo, dado que "ele é, na sua vida e morte, a pergunta do homem e a resposta de Deus ao mesmo tempo: Jesus de Nazaré".[60]

Todas as tensões presentes nas cartas paulinas estão, de algum modo, ligadas ao fato de alguém propor algo alternativo que poderia distrair do foco de Cristo como o centro e como suficiente. Que dizer da reprimenda aos gálatas da passagem a "outro evangelho" (Gl 1,6)? Ou dos inimigos da cruz de Cristo na comunidade de Filipos (cf. Fl 3,18)? Conforme está, também, o EvJo que faz depender de Cristo a posse da vida eterna (Jo 3,16) e total frustração para quem se negar a nele crer (Jo 3,18).

O discípulo não nasce por alguma ação própria, mas com a acolhida gratuita de um dom que lhe é oferecido. Isso nem de longe leva ao *quietismo* ou intimismo, pelo contrário, destaca a qualidade do que começa, e que vai além de tudo o que podemos construir. A metáfora usada por Paulo para falar de sua gênese para o discipulado supõe que alguém esteja a caminho, indo na

---

[60] RAHNER, K. *O desafio de ser cristão*, p. 39.

ELEMENTOS COMUNS ENTRE PAULO E JOÃO   159

direção e, por um fato inaudito, não preparado com cálculos, é alcançado. O vocabulário fala de ser alcançado, correr, deixar algo para trás e voltar-se para a frente, ser encontrado (Fl 3,9 εὑρεθῶ). O verbo εὑρίσκω não é um termo técnico nem no AT nem no NT para falar da relação do ser humano com Deus. "Predomina, porém, o sentido de uma descoberta surpreendente e de uma iluminada compreensão", ou ainda, "descobrir um estado *numinoso* de coisas".[61]

Quando o povo se coloca a caminho da terra da promessa, no deserto lhe é pedido para construir uma "tenda do encontro" (אֹהֶל מוֹעֵד),[62] ou mesmo uma tenda para o encontro, onde Deus marca encontro ou se encontra. Ele se encontra com Moisés e com o povo (cf. Ex 29,42-43; 30,36). Deus providencia um modo de estar acessível. Esta tenda é, porém, passageira; deverá dar lugar ao templo, sendo ela um "santuário itinerante".[63]

Jesus é a tenda armada entre nós (cf. Jo 1,14 ἐσκήνωσεν ἐν ἡμῖν). Deus encontra um modo de nos encontrar. A tenda móvel do deserto é definitivamente substituída pelo Verbo Encarnado, nele Deus nos encontra e nós encontramos a Deus. Este encontro é entre pessoas livres em que o amor não cega, mas abre os olhos para conhecer sempre mais. Esta é a experiência narrada por Paulo e acessível ao ouvinte-leitor de todos os tempos.

O discipulado sempre será mediado pela Palavra e exigirá fé para aderir. Dos contemporâneos de Jesus foi exigido que vissem naquele Nazareno a Palavra definitiva de Deus. Paulo e João abrem um caminho para as gerações, no qual o chamado de Jesus se dá por um novo modo de mediação: o anúncio da Palavra que chama. Como escutar ainda hoje o "segue-me"? No anúncio da Palavra se dá a chamada de atenção. A narração de uma experiência é, em sentido profundo, anúncio que espera resposta.

---

[61] PREISKER, H. εὑρίσκω. In: KITELL, R. *GLNT* (vol III), col. 1192.

[62] Aparece também a expressão אֹהֶל הָעֵדֻת "tenda do testemunho". A *LXX* traduz tanto uma como a outra com σκηνὴ τοῦ μαρτυρίου.

[63] MONLOUBOU, L.; BUIT, F. M. Tenda. In: *Dicionário Bíblico Universal*, p. 782.

A narrativa do dinamismo de discipulado de Paulo coloca as seguranças do ouvinte-leitor sob análise. Na imagem da videira se contempla algo que ainda hoje se pode viver: a permanência em Cristo.

Jesus continua vivente na Igreja, comunhão dos discípulos, e na pregação dessa mesma Igreja. É possível escutar esta palavra com a mesma densidade de significado e exigência de radicalidade. O pressuposto era a fé, que deveria ver naquele Nazareno o Cristo. As pessoas de todos os tempos serão colocadas diante do mesmo Cristo na Palavra e nos sacramentos da Igreja. "Jesus e o seu chamado não são diferentes hoje de então."[64]

3.3.2. O processo de construção do discípulo: a poda como perda para ganhar

No que pode ser chamado de itinerário, há um caminho desaconselhado, como já foi indicado na função comunicativa; o discípulo deve afstar-se de qualquer proposta de centrar sua busca sobre si, sobre suas capacidades. O caminho adequado exige a expropriação e reconstrução na dependência de um Outro.

3.3.2.1. Caminho inadequado: confiando na carne ou por si mesmo (Fl 3,4a; Jo 15,4c).

α. καίπερ ἐγὼ ἔχων πεποίθησιν καὶ ἐν σαρκί. "*se bem que eu possa ter confiança também na carne*" (Fl 3,4a)

β. καθὼς τὸ κλῆμα οὐ δύναται καρπὸν φέρειν ἀφ' ἑαυτοῦ "*Como o ramo não pode produzir fruto por si mesmo*" (Jo 15,4c)

Tanto Paulo como João, ambos estão em tensão com seu ambiente. Paulo está em tensão com a compreensão religiosa dos seus oponentes. João tem como adversário potencial o mundo,

---

[64] BONHOEFFER, D. *Sequela*, p. 202.

pois, "assim como Jesus foi um estranho no mundo, também o são os crentes que lhe pertencem".[65]

Como pano escuro no fundo do ato da gênese do discípulo está a alternativa autocentrada, aquela corrida perseverante, mas fora da estrada. O "confiar na carne" (πεποιθέναι ἐν σαρκί Fl 3,4c) ou o "por si mesmo" (ἀφ᾽ ἑαυτοῦ Jo 15,4c) se correspondem. Desta tentativa a história narrada nas Escrituras dá muitos testemunhos. Ela é emblematicamente condenada no profeta Jeremias: "Assim diz o SENHOR: 'Maldito o homem que confia no homem, e faz da carne o seu braço, e aparta o seu coração do SENHOR! Maldito o homem que confia no homem" (Jr 17,5).

A autossuficiência está na base do pecado de Adão (cf. Rm 5,12-21): o ser humano que quer bastar-se a si. Não precisamos colher do fruto para ser como Deus, isso não acontece senão com a ação dele em nós; isso é dom e deve ser acolhido, não colhido. Não "por si mesmo" (Jo 15,4c ἀφ᾽ ἑαυτοῦ), mas por ele (Fl 3,8c δι᾽ ὄν), com ele e "nele" (Fl 3,9a ἐν αὐτῷ). A fé exige superar o cálculo, não querer ser providência a si mesma. Na "própria justiça" (Fl 3,9b ἐμὴν δικαιοσύνην) está a nossa afirmação, na obediência, a afirmação da vontade de Deus. Misteriosamente, a afirmação do ser humano passa pela oferta de si, o "sacrifício racional" que agrada a Deus (Rm 12,1 λογικὴν λατρείαν). A inteligência do homem autocentrado sempre fará ídolos, coisas que o frustram.

A confiança em si é fruto do cálculo. Não se vive da providência e do dom. Por isso a preocupação e a luta. São dois estilos de vida bem marcados: confiar em si ou confiar em Deus. O gloriar-se em Cristo é a marca da existência cristã, pois "ninguém, por si mesmo [ἀφ᾽ ἑαυτοῦ], é suficientemente forte para percorrer o caminho da salvação até o fim", e mesmo "nossa moralidade pessoal não basta para venerar de modo justo a Deus".[66]

---

[65] BULTMANN, R. *Teologia do Novo Testamento*, p. 513.

[66] BENTO XVI. *Jesus de Nazaré. Da entrada em Jerusalém até a ressurreição*, p. 142.

Querer fazer por si mesmo, que corresponde ao confiar na carne, é buscar "o sucesso sem a cruz", tentativa de quem "confia nas suas próprias forças".[67] Em Fl 3,4-6, Paulo rejeita as vantagens do Judaísmo. "A antítese entre 'gloriar-se em Cristo' e 'confiar na carne' reflete a dicotomia entre a comunidade fiel e o mundo como tal."[68]

3.3.2.2. O caminho adequado: tudo por ele, nada sem ele (Fl 3,8c; Jo 15,5f)

α. δι᾽ ὃν τὰ πάντα ἐζημιώθην *"tudo perdi por causa dele"* (Fl 3,8c)

β. χωρὶς ἐμοῦ οὐ δύνασθε ποιεῖν οὐδέν. *"sem mim nada podeis fazer"* (Jo 15,5f)

A dependência do discípulo em relação a Jesus Cristo é total. Não se entende um discípulo senão na sua comunhão com ele. Cada cristão (= discípulo) deve fazer sua entrada na obediência de Cristo. Paulo se considera totalmente arrastado para dentro da obediência de Cristo.[69] Jesus é a encarnação de Deus. Ele é a epifania do amor onipotente. Não há nada de mágico no Cristianismo, tudo passa por meio da lógica do grão de trigo, a lógica da entrega; esta é a força mansa de Deus. Quem deseja participar da

---

[67] Muito próxima da atitude de fazer por si mesmo é a de minimizar a exigência comprometedora que a vida em Cristo requer. A este respeito é paradigmático o texto de Bonhoeffer sobre a "graça a preço baixo": "Graça a preço baixo é anúncio do perdão sem arrependimento, é batismo sem disciplina de comunidade, é Santa Ceia sem confissão dos pecados, é absolvição sem confissão pessoal. Graça a preço baixo é graça sem que se siga Jesus, graça sem cruz, graça sem o Cristo vivente, encarnado" (cf. *Sequela*, p. 23).

[68] DOUGHTY, D. J. Citizens of Heaven. Philippians 3.2-21, p. 111.

[69] BENTO XVI. *Jesus de Nazaré. Da entrada em Jerusalém até a ressurreição*, p. 215.

ELEMENTOS COMUNS ENTRE PAULO E JOÃO

novidade inaugurada por Cristo "tem de desapegar do heroísmo das próprias ações e aprender a humildade do discípulo".[70]

No "tudo" (τὰ πάντα) da perícope (Fl 3,8c) ecoa o tudo proposto por Jesus ao jovem que desejava possuir a vida eterna (Mc 10,17-22 e par.). Sua partida triste testemunha um projeto de vida em que a lógica da perda não entra. "Por causa de quem todas as coisas foram perdidas" (Fl 3,8c); não é um asceta, é um enamorado que fala. A perda só se dá conta dela depois. O foco não é perder, e sim ganhar o *plus*. Se o ajuizamento dos valores faz parte do processo de crescimento do discípulo, em algum momento ele precisa convencer-se de que Jesus corresponde profunda e superabundantemente à verdade de sua busca. Como entender Paulo fora deste processo reflexivo? Ao jovem indicado na perícope sinótica não faltou só generosidade, ou obediência; faltou-lhe inteligência. Ele se contentou com algo que já se apresentava insuficiente, deixando escapar a medida superabundante do que buscava: Jesus. Não é isto que o texto da perícope aos Filipenses testemunha? Que dizer da fecundidade prometida pela permanência em Cristo na perícope da videira? Também lá está testemunhado que Jesus basta, nele está tudo que se precisa para uma existência repleta de vigor e produtividade. Aqueles textos (Fl e Jo) indicam algo que vai além do que capacita o discípulo a fazer coisas, indicando, sobretudo, o que ele experimenta e recebe deste vínculo. Se sem ele nada pode ser feito, com ele tudo se recebe do Pai. O tudo que se recebe não são coisas, é o tudo que está em Cristo, sua vida. Tanto para Paulo quanto para João, com a fé (ou com o crer) em Jesus já se estabelece algo novo na relação do discípulo com ele e esta relação não é estéril, ela renova o discípulo, porque o faz participar realmente da vida do homem novo, que é o Cristo.[71]

---

[70] Ibid., p. 74.

[71] A afirmação de Ef 4,24: "revestir-se do homem novo" é paralela àquela de Gl 3,27: "vestistes de Cristo". "O homem novo é o homem determinado por Cristo" (SCHNACKENBURG, R. L'uomo nuovo. Centro della

No texto joanino o discípulo é desaconselhado a tentar fazer-se fora de Cristo (Jo 15,5f χωρὶς ἐμοῦ). Na perícope paulina há experiência de tudo perder por Cristo (cf. Fl 3,8c). As exigências para ser discípulo, presentes nos ditos de Jesus nos sinóticos, são cumpridas de forma cabal por quem decide tudo perder por causa dele. Na busca do caminho adequado, as perícopes têm um testemunho comum a dar: centrar todas as forças em Cristo, no seu mistério a ser atualizado no discípulo, seja pela conformação (Paulo), seja pela permanência nele (EvJo).

Portanto, a fonte da gênese do discípulo é o momento da docilidade da criatura que se deixa determinar por aquele que se adianta e se propõe como sentido pleno, vida abundante, existência densa e caminho de plenitude. Não é possível determinar a distinção entre o momento da proposta e o da resposta. É teologicamente forçoso afirmar, porém, que a oferta tem precedência.

3.3.2.3. Permanecer em Cristo: o ambiente vital de desenvolvimento do discípulo (Fl 3,9a; Jo 15,5c)[72]

α.   καὶ εὑρεθῶ ἐν αὐτῷ *"e seja encontrado nele"* (Fl 3,9a).

β.   ὁ μένων ἐν ἐμοὶ *"aquele que permanece em mim"* (Jo 15,5c).

A Cristologia é o fundamento do discipulado, portanto, da eclesiologia, e também o fundamento da vida moral.[73] A vida cristã mostrada no texto consiste em atualizar em si a vida de

---

comprensione Cristiana del mondo. In: METZ, J. B. et al. *Comprensione del mondo nella fede.* Bologna: Dehoniana, 1969. p. 245).

[72]   BARRETT, C. K. *The Gospel according to St. John*, p. 47 : "one of the most characteristic Pauline phrase is ἐν Χριστῷ. Similarly, in John, and specially in the last discourses, Jesus bids the disciples to 'abide in' him, as He promises to 'abide in' them. Here the parallelism is close".

[73]   Cf ALETTI, J.-N. Le statut de l'Église dans les letters pauliniennes. Réflexions sur quelques paradoxes. *Bib* 83, n. 2 (2002), p. 173-174. Este autor descarta que Paulo tenha tido uma eclesiologia do Povo de Deus que tenha passado a ser uma eclesiologia do Corpo de Cristo; para ele,

Jesus: se está mais adequado quanto mais os valores de Cristo forem os do discípulo, adequação de sentimentos, de mente. Não é em vão que se busca "conhecer a Cristo". Toda e qualquer norma que distraia da conformação com Cristo é obsoleta para o discípulo. Tudo o mais é escolhido e acolhido em função desta relação com ele, pois a formação do discípulo é "uma verdadeira cristificação que determinará um novo estilo de viver".[74] A pertença a uma comunidade de fé, uma vocação específica, ou qualquer empreendimento na vida deverá ser valorado a partir do vínculo vital com Jesus Cristo; a ordem não pode ser trocada. Por outro lado, as comunidades de discípulos terão como critério de vivacidade o quanto propicia aos discípulos este processo de cristificação.

A cristologia está no centro do discipulado. Com ele tudo começa, nele a consistência, a existência cristã, e para ele tudo tende. Para responder à questão de "quem é Jesus?", a perícope paulina estudada (Fl 3,1-16) precisaria lançar mão de Fl 2,6-11. Esta é o ícone que a perícope em estudo tem diante de si: Jesus é aquele que se esvaziou pela obediência até a morte, e morte de cruz, por isso, o Pai o exaltou e lhe deu o nome de *Kyrios*. Essa é a justificativa para que Paulo se proponha também ele tudo perder para ganhar a Cristo. Aliás, não há possibilidade de ganho sem a perda, não se enche da vida de Cristo quem estiver cheio de confiança na carne.

O discípulo tem um ambiente vital de gestação. Ele vai para *dentro de* Cristo (Rm 6,3b: ἐβαπτίσθημεν εἰς Χριστὸν Ἰησοῦν – *"fomos mergulhados em Cristo"*, se veste de Cristo (Gl 3,27b: Χριστὸν ἐνεδύσασθε. – *"vos revestistes de Cristo"*) para nele viver. "Cristo é concebido como 'lugar' no qual o convertido é

---

essa ideia deverá ser abandonada, pois a "cristologização" é da natureza da Igreja, particularmente em tensão com a sinagoga.

[74] BINGEMER, M. C. L. Discípulos de Jesus hoy. Fundamentos bíblicos para una hermenéutica teológica. *Theologica Xaveriana* 156 (2005) 577.

'inserido' e no qual os crentes se encontram."[75] Admitido que o permanecer da parte do ser humano seja sua fidelidade, como já foi afirmado, deve-se acrescentar com Bultmann que "a fidelidade que se exige não é primariamente um constante *ser-para*, senão um *ser-de*, não um manter-se, senão um deixar-se manter, como corresponde à relação dos ramos e da videira".[76]

Nas perícopes estudadas, a esfera de vida e ação é indicada por ações verbais que indicam estabilidade nele: *"encontrar-me nele"* (Fl 3,9a: εὑρεθῶ ἐν αὐτῷ) e *"aquele que permanece em mim"* (Jo 15,5c: ὁ μένων ἐν ἐμοί).[77] Esta é a referência de fonte propulsora da vida. É a própria fonte da vida. Nele está toda a energia que irriga as escolhas e decisões do discípulo. Ele é o parâmetro de juízo para tudo o mais; é o critério de análise de tudo o mais. Estar nele é aceitar viver segundo sua própria lógica de entrega. Ser discípulo é aceitar a vida dele como movente de fundo da própria. Os gostos, emoções, impulsos, tudo vai sendo conduzido à conformação com Cristo. Não se trata de um nível emocional ou de um momento; é a definição estrutural do que chamamos discípulo. Trata-se de algo estável, permanente, pois "a novidade só pode derivar do dom da comunhão com Cristo, do viver nele".[78] Estas são escolhas cheias de convencimento e decisão.

---

[75] DUNN, J. D. G. *A teologia apóstolo Paulo*, p. 468. Já agora, por obra da graça, se pode experimentar a humanidade redimida por meio do "ser em Cristo". Esta novidade só se encontra realizada em Cristo e no âmbito da sua influência e do seu domínio (cf. SCHNACKENBURG, R. L'uomo nuovo. Centro della comprensione Cristiana del mondo. In: METZ, J. B. et al. *Comprensione del mondo nella fede*. Bologna: Dehoniana, 1969. p. 248).

[76] BULTMANN, R. *Das Evangelium des Johannes*, p. 411-412.

[77] À diferença de Paulo, João se refere também ao Pai; jamais com o Espírito (cf. col. 576). Em João: ἐν com εἶναι (10,38;14,10a.11.20; 17,21.23.26; 1Jo 2,5b); com μένειν (6,56; 14,10b; 15,4.5.6.7; 1Jo 2,6.24.28; 3,6.24; 4,12.13.15.16).

[78] BENTO XVI. *Jesus de Nazaré. Da entrada em Jerusalém até a ressurreição*, p. 68.

No horizonte dos escritos paulinos, o sintagma ἐν Χριστῷ dá tom ao específico ser e agir do discípulo. Quando se refere ao agir do discípulo, Paulo usa também *"segundo o Espírito"* (κατὰ πνεῦμα Rm 8,4.5), de acordo com o que o Espírito sugere àquele que pertence a Cristo. A vida em Cristo, ou segundo o Espírito, é a vida fruto da libertação da morte, do pecado e da Lei. O homem novo não está submetido ao sistema de Adão: sistema no qual o homem interior perde sua capacidade de fazer o que quer, pois a "força de pecado" incita as paixões carnais e ele, sem a obediência da fé, se propõe a sair do sistema por meio da observância da Lei, que é um caminho fadado ao fracasso. O homem novo se encontra no "sistema de Cristo". Ele entra aí pela participação e conformação com a morte e ressurreição de Cristo. Em Cristo ele vive, pela obediência da fé, sob a graça. "Ser encontrado nele" (Fl 3,9a) é participar da nova vida e do novo modo de viver. Os discípulos "nele se devem imergir, dele devem ser como que 'revestidos'".[79]

Estar em Cristo indica participar do conjunto dos mistérios que compõem sua páscoa: sofrimentos, morte e ressurreição, "em certo sentido o evento da paixão e ressurreição de Cristo deve ser repetido nos crentes, até que seja completa a renovação da nova era".[80] O Evangelho de Paulo não admite afirmar que os pecadores confiantes escapam da morte, mas que participam da morte de Cristo.[81] O discípulo participa do amor que redime o mundo; o amor que "tira" o pecado do mundo. Arrastados para a obediência de Cristo, partilham com ele do sofrimento que é a paga da revolta do mundo a Deus, que lhes oferecem gratuitamente a vida, mas não lhes permitem que essa seja arrancada com a soberba de quem confia na carne.

A relação com Cristo – *o ser de* –, no nível proposto por Paulo, faz de todo discípulo um seu embaixador plenipotenciário no que diz respeito ao seu *"ser para"*. Ao discípulo é concedido tudo

---

[79] Ibid., p. 90.

[80] DUNN, J. D. G. *A teologia do apóstolo Paulo*, p. 462.

[81] Ibid., p. 444.

viver a partir da novidade inaugurada por Cristo. A atitude de Paulo só é compreensível se admite uma existência cristã baseada na obediência. Só faz o que fez Paulo quem, em um momento da vida, se tenha percebido livre da força que se interpõe entre a palavra de Jesus e a obediência.

Como traduzir isto para a vida concreta? Começa por não se permitir viver nada na individualidade fechada; há sempre outros e sobretudo Outro a quem minhas experiências vividas e escolhas feitas envolvem. Segue com a firme convicção de que já participou de uma vida não reduzível a "este" mundo, mas que vive de uma esperança que transcende o presente sem deixar de ser o fio de ouro que une cada momento. Por outro lado, esta participação da vida nova inaugurada pela nova criação em Cristo tira-nos do marasmo de baixa valoração da vida presente, pois ela já está grávida da força de ressurreição.

O EvJo faz da decisão de crer ou não crer em Jesus o momento do juízo. Crer é ter a vida eterna, que é o conhecimento de Jesus Cristo e daquele que o enviou. Como já foi dito, a percepção de que Cristo basta. Tudo está nele, ele é a fonte da água viva prometida, ele é o pão da vida; ele dá o vinho melhor. Essas metáforas estão carregadas de significado quando vistas no horizonte semântico do AT. Ao sermos inseridos nele, como ramos na videira, a nossa individualidade é aberta, libertada do seu egocentrismo; ele é o centro de referência existencial para o discípulo. Mais que um ponto de imitação, trata-se de ceder a vida para que, permanecendo nele, ele permaneça em nós. Esta imanência recíproca é chamada "mística" por falta de um termo mais adequado. Místico quer dizer algo não físico, não quantitativo.[82] Algo mais que moral, mais que intelectual. No que se pode dizer mística joanina, "não há nenhum traço de influência do gnosticismo ou da mística helenística. É a visão propriamente cristã", algo como "a tomada de consciência da presença de Deus em nós

---

[82] Há no EvJo também o permanecer em sentido físico: Jo 1,40; 10,39.

e de nós em Deus".[83] No EvJo há um permanecer moral, ligado à obediência: permanecer no amor. O essencial para o discípulo é permanecer em Jesus, mais que dizer onde ele permanece.

O sintagma paulino é mais dinâmico e indica um futuro que Paulo já experimenta: ele já se encontra em Cristo! O *mashal* da videira usa o verbo permanecer como condição para se tornar discípulo. A promessa ficará sempre voltada ao futuro, conquanto seja realizada a condição.[84]

3.3.2.4. Correndo para Cristo e buscando a glória do Pai: a reserva escatológica (Fl 3,12abcd.14a; Jo15,8bc)

α. Οὐχ ὅτι ἤδη ἔλαβον ἢ ἤδη τετελείωμαι, διώκω δὲ εἰ καὶ καταλάβω, "*Não que eu já tenha alcançado ou que já tenha sido feito perfeito, eu prossigo para encontrá-lo*" (Fl 3,12abcd); διώκω εἰς τὸ βραβεῖον τῆς ἄνω κλήσεως τοῦ θεοῦ ἐν Χριστῷ Ἰησοῦ "*eu prossigo para o prêmio da alta vocação de Deus em Cristo Jesus*" (Fl 3,14a).

β. ἵνα καρπὸν πολὺν φέρητε καὶ γένησθε ἐμοὶ μαθηταί. "*A fim de que produzais fruto e vos torneis meus discípulos*" (Jo 15,8bc).

"A exemplo de Paulo, João compreende a existência do crente como existência escatológica e, como Paulo, também em João a relação de indicativo e imperativo é compreendida como relação dialética."[85] Há um dinamismo: o dom acolhido pela permanência ou pelo fato de "ser encontrado", isso fecunda a vida e a faz propulsora de irradiação de algo cuja fonte não é ele próprio. O discípulo está num *faciendo*. Há uma tensão para a frente, para a plenitude do dom. Há um ponto zero, um dinamismo crescente, um ambiente vital e, finalmente, uma reserva escatológica que

---

[83] DE LA POTTERIE, I. L'emploi du verbe "demeurer" dans la mystique johannique, p. 856-857.

[84] Ibid., p. 850.

[85] BULTMANN, R. *Teologia do Novo Testamento*, p. 554.

tudo atrai e, porque ligada ao ponto zero, a tudo dá sentido. Jesus está no início, no processo e na conclusão.[86]

O ouvinte-leitor é orientado também sobre o "ainda não" resultante do conhecimento de Cristo. Esta reserva escatológica é um componente que dinamiza a existência cristã, a *reserva escatológica* ajuda a manter a *tensão ética*. Esta é uma tradução neotestamentária do desejo *videndi Deum* do AT. O discípulo possui as primícias, mas não a totalidade da colheita. A comunicação da perícope choca com um otimismo propenso a uma escatologia plenamente realizada enquanto se está a caminho. As metáforas do atletismo comunicam ao ouvinte-leitor a dimensão agonística da vida cristã. O ouvinte-leitor recebe com facilidade a comunicação do texto: para se adquirir a vitória é preciso lutar. A corrida não é a esmo, mas para o prêmio. Há clara superação da visão estática da relação de conhecimento. O atleta/discípulo não pode se encantar com o percorrido nem desanimar com o caminho a fazer. O "já" não o estagna, nem o "ainda não" o faz arrefecer a corrida. Ele sabe não ter recebido tudo, mas sabe onde encontrar a plenitude: ela está em Cristo. Cristo está no início, no processo e no fim. O discípulo é encontrado por ele, busca conhecê-lo, sabendo que o fim de tudo é o prêmio que está nele. Este é o justo modo de pensar.

Por outro lado, o fato do "já" não ser o resultado da corrida do discípulo, mas do dom de Cristo que vem ao encontro, faz purificar toda tentação de autossuficiência. A mensagem forte é que a corrida do discípulo começou quando o movimento de salvação realizado por Cristo na história de algum modo o alcançou;[87] esta corrida perdurará até o prêmio.

---

[86] Cf. FORTE, B. *Para onde vai o cristianismo*, p. 123-136: ao falar de uma "agenda cristã para o início do novo milênio", ele chama a atenção para o risco do esquecimento da "reserva escatológica".

[87] No Cristianismo, o discípulo nasce do "ser alcançado"; ele é primeiramente passivo. Mesmo em pessoas, como Agostinho, que buscavam a verdade, foram antes alcançadas (cf. *As Confissões*; *Os grandes convertidos do séc. XX*. LELOTTE, F. *Convertidos do século XX*. São Paulo: Agir, 1960).

Aqui entra a questão colocada por Hans Küng: "os não cristãos também pleiteiam amor, justiça, sentido da vida, bondade no ser e no agir, humanidade. [...] Ora, se outros querem o mesmo, para que ainda o Cristianismo?".[88] Mas esta não é a essência do ser cristão! O que esperamos não está no que ainda podemos fazer. Nossa esperança está no que os olhos não viram e o coração humano nem pressentiu.[89] Embora queiramos aquelas coisas como os que não creem, nós as queremos por uma obediência. O que explica pelo fato de que "temos uma estranha esperança que se revela precisamente quando parece não haver nenhum futuro, uma alegria suficientemente grande para nela caber a tristeza, uma liberdade que culmina em doar nossa vida. Isso exige de nós coragem, que é um amor tão forte à vida que estamos preparados para a morte".[90]

O discípulo vive cheio de gratidão pelo que já experimenta, por "permanecer" em Cristo, mas isso não o faz resfriar na tensão ética – aliás, com o ser alcançado por Cristo desencadeia-se esse processo de tensão para o pleroma. Por outro lado, o que ainda não se cumpriu marca sua esperança de plenitude. Não há resignação nem desespero; como Paulo, ele prossegue para alcançá-lo. A plenitude não é alguma coisa, é sempre Cristo, ele é o conteúdo e a medida da esperança. O tempo do fim não só se aproximou como chegou. Na apocalíptica a imagem é de que o relógio foi adiantado para cinco minutos antes das doze horas, para Paulo, em Cristo, o sino começou a tilintar.[91]

Há um espaço não mensurável cronologicamente entre a gênese do discípulo e sua plenitude de realização em Cristo. O

---

[88] KÜNG, H. *Ser cristão*, p. 15.

[89] "A fé, ao perder sua tensão escatológica, está se transformando numa piedade cristão-burguesa" (BULTMANN, R. *Teologia do Novo Testamento*, p. 555)

[90] RADCLIFFE, T. Será que o Cristianismo faz diferença? In: *Concilium*, p. 28.

[91] Cf. BECKER, J. *Paolo, l'Apostolo dei popoli*, p. 422-423.

discípulo sabe que a "plenitude faz parte do ainda não".[92] Por isso "Paulo considerava o sofrimento como aspecto integrante da tensão escatológica", pois para ele "o poder da ressurreição de Cristo manifesta-se, e isso inseparavelmente, também, como participação nos sofrimentos de Cristo. O processo de salvação é processo de crescente conformidade com a morte de Cristo".[93] Pode-se afirmar com Paulo que o caminho para a plenitude da vida em Cristo passa pelo sofrimento da cruz, por uma crescente conformidade com a morte de Cristo, como característica continuada do ainda não: a carne do discípulo é marcada pelos *sofrimentos* (παθήματα) de Cristo (cf. Cl 1,24 ἀνταναπληρῶ ...ἐν τῇ σαρκί μου [*completo... na minha carne*]).

Eis um esquema do estágio do discípulo:[94]

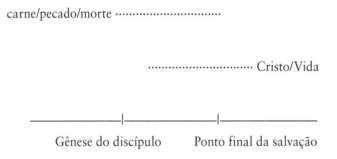

A sobreposição das linhas pontilhadas da ilustração mostra o encontro do "não mais" (carne/pecado/morte) e do já/ainda não (Cristo/Vida). O discípulo está ligado ao "mundo velho" – ou simplesmente ao mundo, segundo o EvJo. Sua participação, em Cristo, do "mundo novo" o faz estar em tensão moral. O tempo do discipulado é o tempo da formação de Cristo no discípulo; uma gestação, ou mesmo o parto (cf. Gl 4,19).

---

[92] DUNN, J. D. G. *A teologia do apóstolo Paulo*, p. 534.
[93] Ibid., p. 548, 551-552.
[94] Ibid., p. 538.

Ao lado da escatologia positiva, o EvJo indica a possibilidade de um desfecho frustrado; a possibilidade de *"alguém"* (τις 6a), por não permanecer em Cristo, como o ramo não produtivo que é cortado, ser lançado fora. Aqui "João recolhe a linguagem tradicional do juízo incorporando-o à sua visão: a separação de Jesus, ou seja, a incredulidade provoca o juízo".[95] Diante de Jesus se dá o julgamento, na escolha de permanecer ou não está também o julgamento. Quem não permanece já está julgado (cf. Jo 5,24). "Para João a vida eterna começa aqui. E quem não consegue vivê-la aqui dificilmente aguentará uma eternidade com Jesus."[96] Aqui acontece o juízo. Diante da resposta a este imperativo está em jogo a "vida eterna" como a entende João. O que está em jogo é o fim escatológico, a possibilidade da "existência pascal".[97]

3.4. Elementos específicos

Aqui será destacado o testemunho próprio de cada um dos textos no horizonte da teologia própria de Paulo e de João. A relação não pode arrefecer a riqueza que avança na utilização da medida comum, pois, como se entende, ao estabelecer a relação de Paulo com o EvJo de modo algum se pode reduzir os horizontes de um ao do outro. Partindo do vocabulário e da sintaxe da perícope estudada, procurar-se-á colher a semântica e o específico teológico no conjunto de cada *corpus*.

3.4.1. Elementos próprios de Paulo

3.4.1.1. Em nível morfossintático

O gênero literário "carta de amizade" dá ao texto da Carta aos Filipenses um quê de testemunho vocacional, regado com o

---

[95] BLANK, J. *El Evangelio según San Juan*, p. 145.

[96] KONINGS, J. *Evangelho Segundo São João*, p.69.

[97] Ibid., p. 57.

rico vocabulário teológico próprio de Paulo. A especificidade de Paulo é testificada na perícope estudada. Vimos o vasto uso preposicional; seu vocabulário próprio (δικαιοσύνη [*justiça*], πίστις [*fé*], καύχεμα [*vanglória*], σάρξ [*carne*]) e sua construção narrativa preparada para impactar os sentimentos, enquanto fala de seu passado e o valora com a justa superestima do evento de Cristo em sua vida.

3.4.1.2. Em nível semântico

Seu ambiente helenístico, sua formação farisaica, somados a seu gênio específico, fizeram nascer, como criação própria, um modo novo de olhar para Cristo e a relevância dele para o ser humano. Paulo cria uma teologia como resposta às questões que vão surgindo com sua ação missionária. Sua percepção do mistério de Cristo não é redutível ao comum do NT. Paulo faz uma teologia da experiência. A perícope da Carta aos Filipenses estudada corrobora essa afirmação. Seu pensamento denso e pungente não se reduz a fáceis sistemas. Nem por isso é de todo fugidio. Para exemplificar, serão retomados os léxicos propriamente paulinos da perícope com a carga semântica que o conjunto dos seus escritos permite salientar.

a) δικαιοσύνη (*"justiça"*): conceito que define aquilo que estabelece a adequada relação com Deus. O campo semântico próprio de Paulo é o campo da salvação/redenção.

b) πίστις (*"fé"*): capacidade de obediência que é meio pelo qual se chega à justificação.

c) καύχεμα (*"vanglória"*): atitude neutra que expressa o gloriar-se. O justo gloriar-se se dá em Cristo (Fl 3,3).

3.4.1.3. Em nível teológico

O específico de Paulo é colocar o discípulo diante dos mistérios da vida de Cristo, com os quais deverá identificar-se. Paulo, sem esquecer-se da encarnação, valoriza mais o mistério pascal da morte e ressurreição na sua relevância para o discípulo: a conformação proposta por Paulo é com o mistério pascal de Cristo: seus sofrimentos, morte e ressurreição.

3.4.2. Elementos próprios do quarto Evangelho

3.4.2.1. Em nível morfossintático

Usa de um vocabulário simples e repetitivo, mas de grande vigor teológico pela utilização que faz do AT. O *mashal* da videira testemunha uma simplicidade sintática do grego, com um estilo de discurso que transmite um conteúdo impactante, fruto de uma escolha meticulosa dos termos e do modo de colocá-los no texto.

A perícope da videira possui vocabulário comum com o EvJo, e algo específico. O específico é o dinamismo da videira/Jesus com seus ramos/discípulos até sua plena produção: a glória do Pai tornando-se discípulos de Jesus.[98]

3.4.2.2. Em nível semântico

O fato de o texto, no contexto do discurso de despedida, utilizar um *mashal* com longa história no AT exige do ouvinte-leitor alargar seus horizontes de conhecimento para ajustar-se às expectativas de leitor do texto.

A semântica do texto está na nova leitura da metáfora da videira lida à luz de Cristo, no específico contexto do discurso de despedida. Tudo isso em um escrito cuja finalidade é levar o ouvinte-leitor a crer que Jesus é o Cristo, o Filho de Deus.

3.4.2.3. Em nível teológico

A cristologia joanina causa uma reviravolta na eclesiologia. A releitura cristológica da metáfora da vinha/videira na sua relação com o Senhor no AT substitui Israel por Jesus mesmo. Só é

---

[98] Ver o dinamismo da perícope no Capítulo 2.

possível fazer parte da vinha do Senhor, se estiver enxertado na videira. Os ramos são as pessoas, os discípulos permanecem em Cristo pelo fato de o receberem e dele receberem a possibilidade de ser filhos de Deus. Estes foram purificados pela adesão ao Cristo, *logos* encarnado.

Jesus é a encarnação de Deus. João coloca o discípulo diante de Jesus, sem maiores esclarecimentos. Este é o evento que tudo transforma. Crer nisto é já ter a vida eterna, porque, membro de Cristo, dele recebe vitalidade para produzir muitos frutos, em uma vida fecunda no amor e em amor.

A nova concepção do discipulado como sinônimo da vida cristã ganha nova luz quando é expressa pelo Senhor que se despede dos seus. Ou seja, de ora em diante, ser discípulo de Jesus, segui-lo, significará crer nele, ter comunhão de destino com ele, ou somente permanecer nele.

No EvJo, não o abandono da tipologia da tradição, mas novos conceitos são trazidos para definir o discípulo na nova realidade de relação com o Senhor glorificado. Não é adequado oferecer-se para ser discípulo, dado que os discípulos de Jesus são atraídos pelo Pai (cf. Jo 6,65).

4

CONCLUSÃO

A satisfação de concluir uma pesquisa é proporcional à consecução do que se propôs. Da gestação do projeto de uma possível relação de Paulo com João nasceram, desde o início, três âmbitos bem claros de interesse para o estudo. (a) Antes de tudo se reafirmou a possibilidade de levantar, a partir de estudo dos textos, elementos que comprovassem a existência da *relação semântica e teológico-comunicativa de Paulo com João*. (b) Depois se apresentava o desafio de revisitar textos, já tão meticulosamente estudados, de modo a escutar algo novo deles. Para isso era necessário que fosse *nova a pergunta a colocar-lhes (nova abordagem)*. (c) Essa nova pergunta passava pela *definição essencial do rosto do discípulo: sua gênese e seu formar-se*.

Esses âmbitos de estudo se especificaram pelos cinco objetivos traçados no início da pesquisa: a) O que teriam Paulo e João a dizer sobre a gênese e a configuração do discípulo? b) Esses escritos têm um rosto comum no que tange ao específico cristão? c) Há entre esses dois *corpora* algum consenso semântico e teológico? d) Em que as abordagens sincrônicas poderiam contribuir de modo harmônico para o ouvinte-leitor contemporâneo? d) Que lampejos teológicos poderiam ser colhidos?

Eis os desafios propostos. A pesquisa a fazer seria, basicamente, bibliográfica. Antes de tudo, debruçar-se sobre as duas perícopes propostas como fonte de respostas para as indagações. Seguiu-se uma meticulosa pesquisa do que já foi produzido. Chegou-se, então, às conclusões aqui apresentadas.

4.1. Revisitar a centralidade de Cristo na gênese do discípulo nestes dois testemunhos da primeira hora do Cristianismo

Os testemunhos de Paulo e de João são escutados com grande frescor; são textos que parecem apenas sair do prelo. As metáforas – Paulo: a da corrida no atletismo; João: a da videira e dos ramos – suavizam a comunicação e, com leveza, despertam o espírito para acolher o conteúdo comunicativo.

Paulo relaciona o nascer e o fazer-se do discípulo com o mistério de Cristo. O Cristo ressuscitado – é desse que fala Paulo – é capaz de alcançá-lo em um momento pontual de sua vida. Esse fato exigirá toda uma existência devotada em atualizar em si os mistérios pascais de Cristo: sofrimentos, morte e ressurreição. Essa con-formação não se dá de modo mimético, como observador externo, mas como assimilação nele (ἐν αὐτῷ). O discípulo tem como marco vivencial seu encontrar-se em Cristo.

João, segundo seu modo próprio de persuadir o ouvinte-leitor, comunica a mesma expectativa: permanecer em Cristo (μένειν ἐν ἐμοί). Como um ramo a ser enxertado, purificado pela palavra, nutrido pela permanência e fecundo pelos frutos, o discípulo se define na sua relação com Cristo: não há ramo que tenha alguma relevância, se não grudado na videira.

Quando nasce o discípulo? O que é realmente relevante para determinar o início do discipulado? Isto acontece quando seu centro existencial passa a ser nutrido pelo ser de Cristo; no momento em que a relação com Cristo se torna a referência de valoração para toda a vida, com suas experiências passadas e presentes. Externamente, pode ser observado pelo que é para ele ganho e o que é perda. A mudança não é circunstancial, nem periférica, é o princípio de ajuizamento que é sofrer a *metanoia*.

O discipulado é um processo. Como o discípulo se faz? Ainda agora é preciso que esteja em Cristo, que suas escolhas estejam inspiradas no juízo de tudo perder por causa de Cristo. Isso dura uma vida. Todo esse processo propende para o marco da plena comunhão. Ele é uma opção fundamental manifestada nas diversas escolhas categoriais.

4.2. A relevância destes escritos para configurar o específico do ser cristão

À forte tentação de forjar o discipulado a partir das nossas necessidades e expectativas, a fim de que sejam cumpridas, os textos estudados centralizaram a identidade em Cristo; nele como fato testemunhado como vivo e em ação. À questão de que se há realmente um específico cristão, os testemunhos de Paulo e de João são que há e que ele está na relação interna e determinante com Cristo. O específico do rosto do discípulo é o rosto de Cristo. O discípulo, pela sua natureza mesma, não se pode contentar em algo menos que ser outro Cristo, sob o risco de deixar de ser discípulo. Não há uma meta menor, um reduzido para a classe B.

Ao procurar o específico, o essencial, são excluídas as caricaturas de discipulado. Já o texto de Paulo exclui qualquer pretensão perante Deus, qualquer confiança na carne. A essência não está no que se faz ou nas prerrogativas raciais ou grupais, mas no que deixa Cristo fazer na pessoa e na intensidade do envolvimento com ele. O discípulo é alguém que foi encontrado e que, então, como um jogo infantil de pega-pega, corre para encontrá-lo. Isso durará uma vida e permitirá a plenitude de vida.

O que dizer do EvJo? Para o EvJo o discípulo deverá glorificar o Pai como Jesus o glorifica. O discípulo se define pela sua relação com Cristo, como o ramo com a videira. O específico do discípulo está na sua fonte, no que nutre sua vida. Todos podem buscar a justiça e a paz, mas o discípulo o faz por Cristo, com Cristo e em Cristo. Os frutos são o transbordamento da seiva nos ramos. Em uma palavra, a *primazia* absoluta da graça.[1]

Portanto, o específico do cristão é dado por Cristo. É o dom acolhido que transforma o ser e o agir. Aqui e não fora está o que

---

[1] *Novo Millenio Ineunte*, n. 38.

define o discípulo. Seu rosto mais original está estampado na face de Cristo.

4.3. Colher o consenso semântico e teológico-comunicativo dos textos de Fl 3,1-16 e Jo 15,1-8

O Capítulo 3 se encarregou de colher o caminho feito nos estudos dos textos nos capítulos anteriores e de demarcar o itinerário do discípulo, desde sua gênese e sua intrínseca dimensão escatológica.

Os léxicos e sintagmas diferentes são concordes no testemunho. O mistério de Cristo tem em Paulo e em João testemunhas bem marcadas pela sua individualidade lexical, mas que se permitem ser vistas no horizonte comum do Cânon, no qual o ouvinte-leitor colhe as marcas comunicativas que impactam nos mesmos pontos essenciais.

Como nasce o discípulo? Da gratuidade de ser encontrado, da gratuidade da palavra dada que purifica, purificação que se dá pela entrega que Jesus faz de sua vida pelo discípulo, consagrando-se por ele.

Qual é o caminho adequado de construção do discipulado? É preciso tudo perder por ele, ou nada fazer sem ele. Supõe a superação da autossuficiência, buscando na própria justiça o componente essencial, ou buscar em qualquer criatura a segurança para realizar-se.

Qual é o ambiente vital para o desenvolvimento do discípulo? A fonte da vida está nele, é necessário permanecer em Jesus. O discernimento será sempre o que permite esta permanência. Está excluída a pretensão de estar pronto, perfeito. Por outro lado, glorificar o Pai, seguindo o caminho fruto do encontro deverá ser a regra da vida.

Há algo a esperar, alguma reserva escatológica? Paulo propõe que continue a busca; João indica a glória do Pai, realizar seu querer com a totalidade da vida. Como o Pai glorifica Jesus, que, por sua vez o glorifica, ele glorificará o discípulo que o glorificar.

Glorificar o discípulo significa realizar plenamente o dinamismo do seu ser que tende ao infinito; essa é a vida plena. O discípulo já tem as primícias, deverá aguardar a totalidade da colheita.

4.4. Utilizar abordagens sincrônicas para fazer dialogar textos de *corpora* distintos, tendo como elemento de comparação a força comunicativa dos textos

O estudo da relação de Paulo e João, dentro dos limites do método histórico crítico, chegou à conclusão de que seria um caminho descartado para percorrer.[2] Essa pesquisa traz o tema à ribalta, pois acreditou que por outro caminho (*métodos*) seria possível estabelecer essa relação. Por meio do método histórico-crítico se concluiu que estávamos diante de textos de períodos históricos diversos, com fontes e autoria diferentes. Foi neste veio que as abordagens sincrônicas tiveram uma contribuição nova para dar. Foi dado ouvido aos textos tal como se encontram no Cânon. E eles falaram com grande sintonia: Paulo e João tinham pauta comum; o ouvinte-leitor recebe impactos comunicativos na escuta/leitura atenta dos textos.

Isso só foi possível pela atenção ao campo semântico dos léxicos, dos sintagmas e das estratégias que os dois textos utilizavam para influenciar quem entrasse em contato com eles. Admite-se que "a situação mudada do leitor condiciona a escuta do texto".[3] O condicionante desta escuta é que o ouvinte-leitor pressuposto pelos textos é o crente, que se encontra disposto a acolher aquelas narrativas como algo relevante para sua vida de fé. Este estudo, da sua parte, como ouvinte-leitor real, os acolheu na comunidade

---

[2]   BULTMANN, R. *Teologia do Novo Testamento*, p. 433: "A relação entre João e Paulo, porém, não pode ser entendida segundo o esquema de um desenvolvimento monolinear da teologia protocristã, pois ambos vão a *direções totalmente diferentes*" (grifo nosso).

[3]   CHILDS, B. S. *Teologia bíblica. Antico e Nuovo Testamento*, p. 107.

de fé, como textos que possuíam algo extraordinário, pela ação do Espírito, na feitura deles.

Sendo assim, não ficam anuladas as diferenças dos *corpora*, muitas coisas lhes são próprias: vocabulário, imagens, algumas estratégias. O EvJo não depende dos escritos de Paulo. Por outro lado, sabe-se quão difícil é procurar algo que vá além dos textos; as testemunhas externas são poucas e, muitas vezes, menos confiáveis que o "réu". Por este motivo o caminho encontrado foram as abordagens sincrônicas; e ao final deste estudo julga-se um caminho praticável.

4.5. Linhas teológicas que sobressaíram

a) Contribuição para a cristologia

A ligação de Jesus com os discípulos se apresenta nos escritos de Paulo e no EvJo com novidades em relação ao restante do Novo Testamento. Além da indissolúvel apresentação de cristologia e soteriologia,[4] pode-se também dizer o mesmo da soteriologia e eclesiologia: a soteriologia é profundamente eclesiológica e a eclesiologia é soteriológica. Se, por um lado, fica patente que não se pode entender o discípulo sem sua referência com Jesus – este foi o foco desta tese –, por outro lado, de algum modo, a recíproca é verdadeira. Ou seja, Deus, em Jesus Cristo, se qualifica pela relação com as pessoas: relação intrínseca, definidora mesma do seu ser no mundo. O que temos, em última instância, é o *Cristus Totus*, cabeça e membros, videira e ramos.

É sem lugar uma cristologia desvinculada da vivência como Povo de Deus. É, no mínimo, vazia a afirmação Cristo sim, Igreja

---

[4] RATZINGER, J. *Introdução ao cristianismo*, p. 153: "A afirmação decisiva da fé sobre Jesus está na unidade inseparável das duas palavras 'Jesus Cristo', que se esconde a experiência da identidade de existência e missão."

não. Onde está este Cristo não eclesial?[5] Somente na cabeça de quem, em última análise, se nega a ser discípulo dele; se nega a conformar-se com o caminho apresentado pelas primeiras testemunhas que cristalizaram nos textos canônicos suas experiências.

Jesus é apresentado por Paulo e por João como Deus para a pessoa humana e a pessoa humana existe para ele. Não se está somente diante dele, mas também o discípulo se encontra nele; isto se dá de um modo vivencial, existencial, por decisão e referencial absoluto de vida.

b) Contribuição para a eclesiologia

A ligação dos discípulos com Jesus indica uma reviravolta eclesiológica: as núpcias de Deus com a humanidade foram celebradas em Cristo, pois a ele se encontram unidos os discípulos. Há uma força no mundo que tende a que toda pessoa se torne discípulo de Deus, em Cristo. Então serão todos nutridos com a sabedoria de Deus.

Eu sou a videira verdadeira. Eis a afirmação da reviravolta copernicana na compreensão eclesiológica. A videira nos precede, doravante ela é o Filho encarnado. Não será jamais abandonada ao "javali da mata virgem". Estando nele, o discípulo já possui vida eterna e para ele não há mais condenação.

"Ser encontrado nele" (Fl 3,9a) é uma imagem muito forte. Jesus é como um continente onde se pode ser encontrado. Quem buscar o discípulo deverá encontrá-lo em Cristo. Esta é uma frase final (Fl 3,8e ἵνα), na qual toda perda e busca do conhecimento de Cristo é, justamente, para ganhá-lo e ser encontrado nele. Que é a Igreja? É a presença cristológica continuada. Mas em Cristo está contido o Filho de Deus encarnado e todos os que foram alcançados por ele e que mantêm a tensão na vida para serem encontrados nele.[6]

---

[5] Não se fala de eclesial enquanto institucional somente, mas também. Cristo tem um corpo. Sua vida deixou no mundo um *éthos* que cria uma cultura.

[6] GNILKA, J. *Paulo de Tarso. Apostolo e testimone*, p. 12: "A eclesiologia paulina, com a ideia de que a comunidade é Corpo de Cristo e que todos

Que é a Igreja? É Cristo, a videira verdadeira. Cristo, a videira que possui ramos, pois "João identifica a videira com Jesus e não com o povo ou as pessoas. Jesus não é o tronco, mas a videira inteira, os ramos formam parte da videira".[7] Os ramos são aqueles que formaram limpos e permanecem ligados a ele, como os ramos à videira. O discípulo nunca estará só, nem Cristo desfará suas núpcias com nossa carne.

c) Contribuição para a antropologia teológica

A insistência da relação do discípulo com Jesus mostra a consciência de Paulo e do João que em Cristo o ser humano encontra o projeto de si realizado. É a verificação de que "Cristo manifesta plenamente o homem ao próprio homem e lhe descobre a sua altíssima vocação".[8]

Qual é a imagem de pessoa humana pressuposta nos textos de Paulo e de João? Supõe um ser livre capaz de decisão de onde vai procurar sua fonte de vida. Ele é passível de fazer a escolha considerada pelos textos inadequada, que para o texto da Carta aos Filipenses seria a confiança na carne, e para João seria querer fecundidade existencial (produzir frutos) independente do vínculo com Jesus.

Ademais, a pessoa humana é considerada um ser a caminho, que se faz a partir de suas escolhas, do ajuizamento do que lhe é perda ou ganho; ou do que lhe permite produzir frutos. Não é um ser acabado, já perfeito, mas tem condições de, conhecendo a verdade sobre si, tendo sido alcançado, dirigir-se para a meta, o prêmio. O EvJo indicaria o caminho para a vida plena, que é resultado de uma vida empenhada em glorificar o Pai.

Embora seja dito de modo mais sutil nos textos estudados, pode-se concluir, no conjunto dos escritos em que as perícopes

---

os fiéis são membros vivos, ativos, deste corpo, não está ainda traduzida na práxis".

[7] SANCHEZ MIELGO, G. Imágenes eclesiales en el Evangelio joánico, p. 534.

[8] *Gaudium et Spes*, n. 22.

estudadas se encontram, a dimensão social do discipulado. Há sempre um nós (Fl) ou um vós (Jo). A pessoa humana que se torna discípulo se define, também, pela sua existência no grupo. A imagem da videira com os ramos é bem sugestiva desse caráter comunitário da existência cristã. Essa concepção é confirmada por Paulo na imagem do Corpo de Cristo; imagem esta que está presente na concepção de que o discípulo se forma nele. Em Cristo os discípulos são uma só coisa.

d) Contribuição para a espiritualidade do discípulo

A pesquisa inteira é uma contribuição para aprofundar a espiritualidade do discípulo, cuja fonte é a Sagrada Escritura. Foi proposto um tema de atualidade com o intuito de refletir coisas que, com facilidade, são dadas por deduzidas. Enquanto a prática observada desaconselha a segurança da obviedade.

O discipulado apresentado por Paulo e por João é um antídoto ao ativismo que se parece mais com excentricidades que, mesmo inconscientemente, visam a esquecer o vazio das motivações interiores. Quem se movimenta muito, para um lado e para outro, pode ser sinal de um discipulado não realizado na sua essência. Ou se está em Cristo e está acontecendo o discipulado, ou correndo fora. O primordial para o discípulo não é o apostolado, o acento está sobre a qualidade da relação com Jesus.[9]

Há no estudo um aspecto de negação e outro de afirmação. Negação de caricaturas de discipulado, as quais os textos se encarregam de desacreditar, até mesmo mostrando o desfecho vazio de tais alternativas. Sobre este ponto basta ver a análise que Paulo faz de seu período de pré-discipulado; da parte do EvJo, as funestas consequências para quem não permanece em Cristo (Jo 15,6). A afirmação do específico e essencial do discípulo, mostrando o seu rosto cristocêntrico.

---

[9]   Cf. BROWN, R. E. L'Église héritée des apôtres, p. 150.

e) Contribuição para a pastoral

Entra aqui uma nova valorização dos sacramentos como meios de comunhão com Cristo. São constantes as queixas de uma sacramentalização sem evangelização. É pertinente a denúncia de Bonhoeffer de uma "graça barata",[10] na qual não há comprometimento com o discipulado, nem exigência de quem distribui os sacramentos, nem empenho de quem os procura. Até quando? A razão de ser dos sacramentos está na realização do nascer e do fazer-se do discípulo. Fora disso, é jogar pérolas aos porcos.

A Palavra diariamente escutada como meio de ativar o processo de con-formação com Cristo adquirindo seus valores. A pregação e a oração a partir desta Palavra é o compromisso que expressa a consciência de que sem ele nada se pode fazer.

Por vezes nota-se um cansaço nos leigos, sobrecarregados com muitas funções.[11] Além de uma questão prática, está a falta de foco na ação pastoral, cuja finalidade não é fazer muitos encontros e eventos, mas levar as pessoas, sobretudo os agentes de

---

[10] BONHOEFFER, D. *Sequela*, p. 21: "A graça barata é o inimigo mortal da nossa Igreja. Nós lutamos por uma graça a preço caro. Graça barata é a graça considerada material de descarte, perdão desperdiçado. [...] Nesta Igreja o mundo vê cancelados, por preço baixo, os pecados dos quais não se arrepende e dos quais muito menos deseja ser libertado. Graça a preço baixo é, portanto, negação da Palavra vivente de Deus, negação da encarnação da Palavra de Deus".

[11] BERNANOS, G. *Diário de um pároco de aldeia*, p. 11-12: "A minha paróquia é devorada pelo tédio, eis a palavra. Como tantas outras paróquias! O tédio as devora sob nossas vistas e nada podemos fazer. Um dia, talvez, o contágio tomará conta de nós, descobriremos em nós esse câncer. Pode-se viver muito tempo com isso. [...] Dizia a mim mesmo que o mundo é devorado pelo tédio. Naturalmente, é preciso refletir um pouco para dar-se conta disso; não é fato que se aprenda assim, de relance. É uma espécie de poeira. A gente vai e volta sem ver, respira-a, come-a, bebe-a; é tão tênue, tão fina, que nem ao menos range sob os dentes. Mas a gente para um segundo, ei-la que cobre nosso rosto, nossa mão. Temos de nos sacudir, sem cessar, para libertar-nos dessa chuva de cinza. Daí por que o mundo tanto se agita".

pastoral, a permanecerem em Cristo, a conformarem sua existência ao mistério de Cristo; sabendo ler os fatos corriqueiros – doenças, dificuldades de relações, embates com as injustiças sociais – à luz dos mistérios de Cristo: seus sofrimentos, sua morte, com grande confiança na força da ressurreição de Jesus Cristo. Isso renova a pastoral, redimensionando as forças para o essencial.

5

REFERÊNCIAS BIBLIOGRÁFICAS

5.1. Obras de referência

BACHMANN, H.; SLABY, W. A. (col.). *Concordance to de Novum Testamentum Graece*. 3. ed. Berlim/New York: Walter de Gruyter, 1987.

BAILLY, A. *Dictionaire Grec Français*. 16. ed. Paris: Librairie Hachette, 1950.

BLASS, F.; DEBRUNNER, A. *Grammatica del Greco del Nuovo Testamento*. 2. ed. Brescia: Paideia, 1997 (orig. alemão: 1976).

ECO, Umberto. *Os limites da interpretação*. São Paulo: Perspectiva, 1995 (orig. italiano: 1990).

GREIMAS, A. J.; COURTÉS, J. *Dicionário de semiótica*. São Paulo: Editora Contexto, 2008 (orig. francês: 2006).

GRUYTER, Walter. *Concordance to de Novum Testamentum Graece*. Berlim/New York: De Gruyter Inc., 1987.

METZGER, B. M. *A Textual Commentary on the Greek New Testament*. 2. Ausg. Stuttgart: Deutsche Bibelgesellschaft, 1998.

NESTLE-ALAND. *Novum Testamentum Graece*. 27. Ausg. Stuttgart: Deutsche Bibelgesellschaft, 1993.

PAZ, M.; GRILLI, M.; DILLMANN, R. *Lectura pragmalinguistica de la Biblia. Teoría e aplicación*. Navarra: Verbo Divino, 1999.

RICOEUR, P. *A hermenêutica bíblica*. São Paulo: Loyola, 2006 (orig. francês: 2000).

_____. *Ensaios sobre a interpretação bíblica*. São Paulo: Novo Século, 2004 (orig. francês: 2000).

ZERWICK, M. *Analysis Philologica Novi Testamenti Graeci*. 4. ed. Roma: PIB, 1984.

_____. *El Griego del Nuevo Testamento*. Navarra: Verbo Divino, 1997 (orig. latim: 1966).

_____; GROSVENOR, M. *A Grammatical Analysis of the Greek New Testament*. Rome: Biblical Institute Press, 1981.

ZORELL, F. *Lexicon Graecum Novi Testamenti*. Paris: P. Lethielleux, 1931.

5.2. Livros/partes de livros e verbetes de dicionário

BALTHASAR, Hans Urs. *Chi è il cristiano?* Brescia: Queriniana, 1966.

BARRETT, C. K. *The Gospel according to St. John. Introduction with Commentary and Notes on the Greek Text*. 2. ed. London: SPCK, 1978.

BAUMGÄRTEL, F.; MEYER, R.; SCHWEIZER, E. σάρξ. In: KITTEL, R. (ed.) *GLNT* (vol. XI). Brescia: Paidea. col. 1265-1398.

BEARE, F. W. *A Commentary on the Epistle to the Philippians*. London: Adam and Charles Black, 1959.

BECKER, J. *Paolo, l'Apostolo dei popoli*. Brescia: Querianiana, 1996.

BEHM, J. ἄμπελος. In: KITTEL, R. (ed.). *GLNT* (vol. I). Brescia: Paidea, 1965. col. 925-928.

_____. κλῆμα. In: KITTEL, R. (ed.). *GLNT* (vol. V). Brescia: Paidea, 1969. col. 579-582.

BLANK, J. *O Evangelho segundo João*. Petrópolis: Vozes, 1988. v. I-IV (orig. alemão: 1977).

BOISMARD, M.-É.; LAMOUILLE, A. *L'Évangile de Jean:* Synopse des Quatre Évangiles en Français. Paris: Éditions du Cerf, 1977. v. I-III.

BONHOEFFER, D. *Sequela*. Brescia: Queriniana, 1971.

BROWN, R. E. *A comunidade do discípulo amado*. São Paulo: Paulus, 1981.

_____. *L'Église heritée des apôtres*. 3. ed. Paris: Éditons du Cerf, 1996.

_____. *The Gospel according to John*. New York: Doubleday & Company, 1970. v. I-II.

BULTMANN, R. *Teologia do Novo Testamento*. São Paulo: Teológica, 2004 (orig. alemão: 1953).

_____. ἀλήθεια. In: KITTEL, R. (ed.). *GLNT* (vol. I). Brescia: Paidea, 1965. col. 640-674.

_____. A cristologia do Novo Testamento. In: *Crer e compreender*. São Leopoldo: Sinodal. 1987. p. 103-120 (orig. alemão: 1933).

_____. A escatologia do Evangelho de João. In: *Crer e compreender*. São Leopoldo: Sinodal. 1987. p. 121-134 (orig. alemão: 1928).

_____. γινώσκω, γνῶσις. In: KITELL, R. (ed.). *GLNT* (vol. II). Brescia: Paidea, 1966. col. 461-542.

_____. *Jesus. Mythologie et démytologisation*. Paris: Du Seuil, 1968.

_____. *Das Evangelium des Johannes*. 12. Ausg. Gottingen: Vandenhoeck & Ruprecht, 1952.

_____. καυχάομαι. In: KITELL, R. (ed.). *GLNT* (vol. V). Brescia: Paidea, 1969. col. 289-312.

_____. Novo Testamento e mitologia. In: *Crer e compreender*. São Leopoldo: Sinodal. 1987. p. 13-45 (orig. alemão: 1941).

_____. O problema da "Teologia Natural". In: *Crer e compreender*. São Leopoldo: Sinodal, 1987. p. 135-149 (orig. alemão: 1933).

_____. O problema da demitologização. In: *Demitologização. Coletânea de ensaios*. São Leopoldo: Sinodal, 1999.

_____. O que o Jesus histórico significou para a teologia de Paulo. In: *Crer e compreender*. São Leopoldo: Sinodal. 1987. p. 81-102 (orig. alemão: 1929).

_____. πείθω, πεποίθησις. In: KITELL, R. (ed.) *GLNT* (vol. IX). Brescia: Paidea, 1974. col. 1351-1382.

_____; WEISER, A. πιστεύω, πίστις. In: KITELL, R. (ed.). *GLNT* (vol. X). Brescia: Paidea, 1975. col. 337-488.

CHILDS, B. S. *Teologia biblica. Antico e Nuovo Testamento*. Casale Monferrato: Piemme, 1998 (orig. inglês: 1992).

DEBRUNNER, A.; KLEINKNECHT, H; KITTEL, G. λέγω, λόγος, ῥῆμα, λαλέω. In: KITTEL, R. (ed.). *GLNT* (vol. VI). Brescia: Paidea, 1970. col. 199-382.

DELLING, G. λαμβάνω. In: KITELL, R. (ed.). *GLNT* (vol. VI). Brescia: Paidea, 1970. col. 31-50.

_____. τέλος. In: KITELL, R. (ed.). *GLNT* (vol. XIII). Brescia: Paidea, 1981. col. 951-1056.

DODD, C. H. *A interpretação do quarto Evangelho*. São Paulo: Paulus, 1977 (orig. inglês: 8. ed., 1968; 1. ed. 1953). Há outra tradução de 2003: Teológica – Paulus.

_____. *La prédication apostolique et ses développements*. Paris: Ed. Universitaires, 1964 (orig. inglês: 1936).

DUNN, J. D. G. *A teologia do apóstolo Paulo*. São Paulo: Paulus, 2003.

ERICKSON, R. J. Carne. In: *Dizionario di Paolo e delle sue lettere*. Milano: San Paolo, 1999. p. 188-191.

FEE, G. D. *Paul's Letter to Philippians*. Michigan: W. B. Eerdmans, 1995.

FITZGERALD, J. T. Philippians, epistle to the. In: FREEDMAN, D. N. et alii (editor). *Anchor Bible Dictionary* (vol. V). New York/London/Toronto/Sydney/Auckand: Doubleday, 1992. p. 318-326.

FORTE, B. *Para onde vai o cristianismo?* São Paulo: Loyola. 2003 (orig. italiano: 2000).

FORTNA, R. T. Philippians: Paul's most egocentric letter. In: FORTNA, R. T.; GAVENTA, B. R. *The Conversation Continues. Studies in Paul and John in Honor of J. L. Martyn.* Nashville: Abingdon Pr., 1990. p. 220-234.

FRIES, H. Démythologisation et vérité théologique. In: SCHNACKENBURG, R. et al. *Message de Jésus e l'interprétation moderne. Mélanges Karl Rahner.* Paris: Édition du Cerf, 1969.

GNILKA, J. *Paulo de Tarso. Apostolo e testimone.* Brescia: Paidea, 1998 (orig. alemão: 1996).

_____. *La lettera ai Filippesi.* Brescia: Paideia, 1972 (orig. alemão: 1968).

GOURGUES, M. Cinquante ans de recherche johannique. De Bultmann à la narratologie. In: ASSOCIATION CATHOLIQUE DES ÉTUDES BIBLIQUES AU CANADA. *De bien des manières: La recherche biblique aux abords du XXIe. siècle.* Paris: Cerf, 1995. p. 229-306.

GRUNDMANN, W. δύναμις. In: KITELL, R. (ed.). *GLNT.* Brescia: Paidea, 1966. col. 1473-1556.

HAUCK, F. καθαρός. In: KITTEL, R. (ed.). *GLNT* (vol. IV). Brescia: Paidea, 1968. col.1255-1300.

_____. καρπός. In: KITTEL, R. (ed). *GLNT* (vol. V). Brescia: Paidea, 1969. col. 215-222.

_____. κοινωνία. In: KITELL, R. (ed.). *GLNT* (vol. V). Brescia: Paidea, 1969. col. 693-725.

_____. μένω. In: KITTEL, R. (ed.). *GLNT* (vol. VII). Brescia: Paidea, 1971. col. 25-66.

HUBNER, H. μένω. In: BALZ, H.; SCHNEIDER, G. (ed.). *DENT* (vol. II). Salamanca: Sigueme, 1998. col. 222-224.

JAQUES, Mary V.; WALTER, Kelly. Pauline Adaptation of Epistolary Conventions in Philippians 3:2-4:1. In: KURZ, William S. (ed.). *Directions in New Testament Methods.* St. Milwaukee: Marquette University, 1993. p. 79-84.

KITTEL, G. ἀκολουθέω. In: KITTEL, R. (ed.). *GLNT* (vol. I). Brescia: Paidea, 1965. col. 567-582.

_____. δόξα. In: KITTEL, R. (ed.). *GLNT* (vol. II). Brescia: Paidea, 1966. col. 1348-1358, 1370-1404.

KLEINKNECHT, H.; GUTBROD, W. νόμος. In: KITELL, R. (ed.). *GLNT* (vol. VII). 1971. col. 1233-1418.

KÖNINGS, J. *Evangelho segundo João.* São Paulo: Loyola, 2005.

KREITZER, L. J. Escatologia. In: HAWTHORNE, Gerald F. et al. *Dizionario di Paolo e delle sue lettere.* Milano: San Paolo, 1999.

KUMSCHELM, R. Discipulado. In: BAUER, Iohannes B. *Dicionário bíblico teológico.* São Paulo, Loyola, 2000. p. 107.

KÜNG, H. *Ser cristão*. Rio de Janeiro: Imago, 1976.

LANG, F. πῦρ. In: KITTEL, R. (ed.). *GLNT* (vol. XI). Brescia: Paidea, 1977. col. 821-887.

LELOTTE, F. *Convertidos do século XX*. São Paulo: Agir, 1960.

LÉON-DUFFOUR, X. Où en est la recherche johannique? In: *Origine et postérité de l'évangile de Jean*. XIII Congrès de l'ACFEB Toulouse. Paris: Cerf, 1990. p. 17-41.

LINDARS, B. *The Gospel of John*. London: Oliphants, 1977.

LYONS, G. *Pauline autobiography. Toward a new Understanding*. Atlanta: Scholars Press, 1982.

MARROW, S. B. *The Gospel of John. A Reading*. New York/Mahwah: Paulist Press. 1995.

MATEUS, J.; BARRETO, J. *El Evangelio de Juan. Analisis lingüístico y comentário exegético*. 2. ed. Madrid: Ediciones Cristiandad, 1982.

MAZZAROLO, I. *Nem aqui, nem em Jerusalém*: o Evangelho de João. Rio de Janeiro: Mazzarolo, 2001.

_____. *Carta de Paulo aos Filipenses*. Rio de Janeiro: Mazzarolo, 2009.

_____. *Lucas em João. Uma nova leitura dos evangelhos*. Porto Alegre: Mazzarolo, 2000.

McGRATH, A. E. Giustificazione. In: HAWTHORNE, Gerald F. et al. *Dizionario di Paolo e delle sue lettere*. Milano: San Paolo, 1999. p. 789-798.

MESA HENAO, J. A. The Disciple. Ensnared by Globalization? *Cuestiones teológicas y filosóficas 34* (2007) 11-40.

MEYER, R. περιτέμνω, περιτομή. In: KITELL, R. (ed) *GLNT* (vol. X). Brescia: Paidea, 1975. col. 45-76.

MICHAELIS, W. παθήμα. In: KITELL, R. (ed) *GLNT* (vol. IX). Brescia: Paidea, 1974. col. 1074. 1062-1077.

MICHEL, O. κύων. In: KITELL, R. (ed.). *GLNT* (vol. V). Brescia: Paidea, 1969. col. 1503-1514.

MONLOUBOU, L.; BUIT, F. M. Tenda. In: BUCKLAND, A. R. *Dicionário bíblico universal*. Editora Vida, 2010. p. 782.

MORRIS, L. Fede. In: HAWTHORNE, Gerald F. et al. *Dizionario di Paolo e delle sue lettere*. Milano: San Paolo, 1999. p. 605-615.

NEPPER-CHRISTENSEN, P. μαθητής. In: BALZ, H.; SCHNEIDER, G. *DENT* (vol. II). Salamanca: Ediciones Siguéme, 1998. col. 114-121.

NEUHAUS, David M. À la rencontre de Paul. Connaître Paul aujourd'hui – Un changement de paradigme? *RSR 90* (2002) 353-376.

O'BRIEN, Peter T. *The Epistle to the Philippians. A Commentary on the Greek Text*. NIGNT. Michigan: William B. Eerdmans, 1991.

OEPKE, A. διώκω. In: KITTEL, R. (ed.). *GLNT* (vol. II). Brescia: Paidea, 1966. col. 1337-1340.

_____. ἐν. In: KITTEL, R. (ed.). *GLNT* (vol. III). Brescia: Paidea, 1967. col. 557-580.

PORSCH, F. ἄμπελος. In: BALZ, H.; SCHNEIDER, G. *DENT* (vol. I), Salamanca: Sigueme, 1996. col. 190-191.

PREISKER, H. εὑρίσκω. In: KITTEL, R. (ed.). *GLNT* (vol. III). Brescia: Paidea, 1963. col. 1189-1194.

PROCKSCH, O. λέγω, λόγος, ῥῆμα, λαλέω. In: KITTEL, R. (ed.). *GLNT* (vol. VI). Brescia: Paidea, 1970. col. 260-284.

RAD, G. von. δόξα. In: KITTEL, R. (ed.). *GLNT* (vol. II). Brescia: Paidea, 1966. col. 1358-1370.

RADCLIFFE, T. Será que o cristianismo faz diferença? *Concilium* 340, n. 2 (2011), p. 19-28.

RAHNER, K. *O desafio de ser cristão;* textos espirituais. Petrópolis: Vozes, 1978.

RATZINGER, J. (BENTO XVI). *Jesus de Nazaré. Da entrada em Jerusalém até a ressurreição.* São Paulo: Planeta do Brasil, 2011.

REFOULÉ, F. Cristologie de Bultmann. In: *Que dites-vous du Christ? De Saint Marc à Bonhoeffer.* Paris: Cerf, 1969. p. 132.

RENGSTORF, K. H. μαθητής. In: KITTEL, R. (ed.). *GLNT* (vol. VI). Brescia: Paidea, 1970. col. 1121-1238.

SANDERS, E. P. *Paulo, a Lei e o povo judeu.* São Paulo: Paulus, 1990. (orig. inglês: 1983).

_____. *Paul and Palestinian Judaism. A Comparison of Patterns of Religion.* Philadelphia: Fortress Press, 1977.

SCHIDT, K. L. κλῆσις. In: KITELL, R. (ed.). *GLNT* (vol. IV). Brescia: Paidea, 1968. col. 1464-1471.

SCHNACKENBURG, R. *El Evangelio según San Juan* (vol. I-IV). Salamanca: Herder, 1980-1986.

_____. *Amistad con Jesus.* Salamanca: Sigueme, 1998.

_____. Cristologia do Novo Testamento. In: *Misterium salutis. Compêndio de dogmática histórico-salvífica III/2.* Edição de Johannes Feiner, Magnus Löhner. Petrópolis: Vozes, 1973.

_____. Église et parousie. In: SCHNACKENBURG, R. et al. *Le message de Jésus et l'interprétation moderne. Mélanges Karl Rahner.* Paris: Cerf, 1969. p. 7-39.

_____. La cristología paulina e la cristología joánica. In: *El Evangelio según san Juan* (vol. IV). p. 108-125.

196   A GÊNESE DO DISCÍPULO

_____. La nature et le mystère de l'Église dans le Nouveau Testament. In: *La Bible et le mistère de l'Église*. Paris: Desclée, 1964. p. 7-138.

_____. L'uomo nuovo. Centro della comprensione cristiana del mondo. In: METZ, J. B. et alii. *Comprensione del mondo nella fede*. Bologna: Dehoniana, 1969.

SCHNEIDER, G. ἀκολουθέω. In: BALZ, H.; SCHNEIDER, G. (ed.). *DENT* (vol. I). col. 145-155.

SCHRENK, G. δικαιοσύνην. In: KITELL, R. (ed.). *GLNT* (vol. II). Brescia: Paidea, 1966. col. 1236-1289.

_____; QUELL, G. πατήρ. In: KITELL, R. (ed.). *GLNT* (vol. IX). Brescia: Paidea, 1974. col 1111-1309.

SCHULZ, A. *Discípulos do Senhor.* São Paulo: Paulinas, 1969.

SCHWEIZER, E. What about the Johannine "Parables"? In: CULPEPPER, R. A.; BLACK, C. C., *Exploring the Gospel of John.* Louisville: Westminster John Knox Press, 1996. p. 208-219.

SEIFRID, M. A. In Cristo, In: HAWTHORNE, Gerald F. et al. *Dizionario di Paolo e delle sue lettere.* Milano: San Paolo, 1999. p. 850-856.

STAUFFER, E. βραβεύω, βραβεῖον. In: KITELL, R. (ed.). *GLNT* (vol. II). Brescia: Paidea, 1966. col. 323-330.

STUMPFF, A. ζημία. In: KITELL, R. (ed.). *GLNT* (vol. III). Brescia: Paidea, 1967. col. 1517-1528.

THIELMAN, F. Legge. In: HAWTHORNE, Gerald F. et al. *Dizionario di Paolo e delle sue lettere.* Milano: San Paolo, 1999. p. 920-943.

VANNI, U. Verso la struttura letteraria della lettera ai Filippesi. In: PADOVESE, L. (org.). *Atti del V Simposio di Tarso su S. Paolo Apostolo.* Roma: Antonianum, 1998. p. 61-83.

WEDER, H. Disciple, discipleship. In: FREEDMAN, D. N. et alii (editor). *Anchor Bible Dictionary* (vol. II). New York/London/Toronto/Sydney/Auckand: Doubleday, 1992. p. 207-210.

5.3. Artigos

ALETTI, J.-N. Où en sont les études sur S. Paul? Enjeux et propositions. *ReSRel* 90, n. 3 (2002), p. 329-352.

_____. Le statut de l'Église dans les lettres pauliniennes. Réflexions sur quelques paradoxes. *Bib* 83, n. 2 (2002), p. 153-174.

_____. Questions d'actualité sur Saint Paul. *Et* v. 405 (2006), p. 637-645.

BAUCKHAM, R. Historiografical Characteristics of the Gospel of John. *NTS* 53 (2007) 17-36

BENOIT, P. Paulinisme e Johannisme. *NTS* 9, n. 3 (1963), p. 193-207.

BINGEMER, M. C. L. Discipulos de Jesus hoy. Fundamentos bíblicos para una hermenéutica teológica. *TheXa* 156 (2005) 565-581.

BLACK, D. A. The discourse structure of Philippians: a study in textlinguistic. *NoT* 37, n. 1 (1995), p. 16-49.

BRETON, S. Christianisme: Paul ou Jean? *Esprit*, n. 2 (2003), p. 66-78.

BROWN, J. K. Creation's Renewal in the Gospel of John. *CBQ* 72, n. 2 (2010), p. 275-290.

BROWN, R .E. Johannine Ecclesiology. The Community's Origins. *Int* 31, n. 4 (1977), p. 379-393.

BUSSCHE, H. La vigne et ses fruits. Jn 15,1-8. *BivChr* 26 (1959) 12-18.

CASTAÑO FONSECA, A. M. Análisis retórico de Jn 15,1-5. *EstB* 59, n. 4 (2001), p. 537-550.

CODINA, V. Fe y discipulado. *TheXa* 161 (2007) 175-183.

COTHENET, É. Les discours d'adieu de Jésus et la prière sacerdotale. *EV* 148 (2006) 14-21; v. 149, p. 14-20; v. 150, p. 16-24; v. 151, p. 17-20; v. 152, p. 17-22.

DE LA POTTERIE, Ignace. L'emploi du verbe "demeurer" dans la mystique johannique. *NRT* 117 (1995) 843-859.

DOUGHTY, D. J. Citizens of Heaven. Philippians 3.2-21. *NTS* 41 (1995) 102-122.

DUNN, J. D. G. Prolegomena to a Theology of Paul. *NTS* 40, n. 3 (1994), p. 407-432.

_____. Who did Paul think he was? A study of Jewish-Christian identity. *NTS* 45, n. 2 (1999), p. 174-193.

ESKOLA, T. Paul et le Judaisme du seconde temple. La sotériologie de Paul avant e après E. P. Sanders. *RSR* 90/3 (2002) 377-398.

FORTNA, R. T. Christology in the Fourth Gospel: Redaction-critical Perspective. *NTS* 21, n. 4 (1975), p. 489-504.

GÄRTNER, B. E. The Pauline and Johannine Idea of "to know God" against the Hellenistic Background. *NTS* 14, n. 2 (1968), p. 209-231.

GIURISATO, G. Struttura e messaggio di Gv 15, 1-8. *SPat* 50 (2003) 689-715.

HONG, E. El análisis narrative en la exégesis del Cuarto Evangelio. *ReBi* 67, n. 3-4 (2005), p. 193-224.

HOOKER, M. D. PISTIS XPISTOU. *NTS* 35 (1989) 321-342.

HOOVER, R. W. Philippians 3:2-11: A Translator's Brief. *For*, v. 5, n. 2, (2002), p. 159-163.

KEALY, S. P. "I press on towards the goal" (Phil 3:14) – Reflections on Paul. *ScripCh*, v. 136, n. 4 (2004), p. 121-128.

KOPERSKI, V. The meaning of δικαιοσυνην Philippians 3:9. *LouvStud*, v. 20, n. 2-3 (1995), p. 147-169.

_____. The meaning of Pistis Christou in Philippians 3:9. *LouvStud*, v. 18, n. 3 (1993), p. 198-216.

_____. Textlinguistic and the Integrity of Philippians: a Critique of Wolfgang Schenk's Arguments for a Compilation Hypothesis. *EphTLo* 68, n. 4 (1992), p. 331-367.

MARCATO, G. Aggiornamenti sulla "Questione Giovannea": da Hengel – M. Frey all'ultimo R. E. Brown. *Ang* 83, n. 1 (2006), p. 5-19.

MARTÍNEZ, A. E. Filipenses 3:4-11 y la conversión de Pablo como proceso de resocialización. *Ap* 22, n. 2 (2002), p. 44-63.

MATTA, Y. "Circoncis le huitième jour". L'arrière-fond juif de l'identité de Paul en Philippiens 3,4-6. *RSR* 85, n. 2 (2011) 181-209.

MILLAS, J. M. A concepción paulina de la fe y la existencia cristina según la interpretación de Rudolf Bultmann. *EstE* 65 (1990) 193-214.

MÜLLER-FIEBERG, R. Paulusrezeption in der johannesoffenbarung? Auf der Suche nach dem Erbe des Apostels im letzten Buch des biblishen Kanons. *NTS* 55, n. 1 (2009), p. 83-103.

MUÑOZ LEÓN, D. La revelación del amor de Dios e de Cristo e la respuesta de fe y amor por parte del hombre. Hacia la esencia del Cristianismo en Evangelio de San Juan. *EstB* 66 (2008) 339-367.

OTTO, R. E. If Possible I may attain the Resurrection from the Dead (Philippians 3:11). *CBQ* 57, n. 2 (1995), p. 324-340.

PELIGRO, J. D. Johannine ecclesiology in the light of the parable of the vine and the branches (Jn 15:1-6). *Quae* 1, n. 1 (1997), p. 119-172.

RÄISÄNEN, H. Paul's conversion and the development of his view of the law. *NTS* 33 (1987) 404-419.

RICHARDS, W. Reading Philippians: Strategies for unfolding a Story. *StudRel/ScieRel*, v. 34, n. 1 (2005), p. 69-79.

RODRIGUEZ-RUIZ, M. El lugar de composición del cuarto Evangelio: exposición y valoración de las diversas opiniones. *EstB* 57, n. 1-4 (1999), p. 613-641.

ROLLAND, Ph. La structure litéraire et l'unité de l'Épitre aux Philippiens. *RSR* 64, n. 3-4 (1990), p. 213-216.

SANCHEZ MIELGO, G. Imágenes eclesiales en el evangelio joánico. *CiTom* 131 (2004) 523-544.

SILVA, D. A. No Confidence in the Flesh: The Meaning and Function of Philippians 3:2-21. *TrinJoun* 15, n. 1 (1994), p. 27-54.

SNYMAN, A. H. A Rhetorical Analysis of Philippians 3:1-11. *Neo* 40, n. 2 (2006), p. 259-283.

UDOH, F. E. Paul's Views on the Law: Questions about Origin (Gal. 1:6-2:21; Phil. 3:2-11). *NoT* 42, n. 3 (2000), p. 214-237.

WILLIAMS, Sam K. Again *Pistis Christou. CBQ* 49 (1989), p. 431-447.

Impresso na gráfica da
Pia Sociedade Filhas de São Paulo
Via Raposo Tavares, km 19,145
05577-300 - São Paulo, SP - Brasil - 2016